Weihnachtslied

Seht! Der jetzt hier vor euch steht,
Ist ein Engel aus dem Himmel,
Von den Sternen hergeweht,
Ach, ins irdische Gewimmel.

Manches hab ich angeschaut,
Ganz zuletzt die Weihnachtsbäume,
Und darunter aufgebaut
Tausend wach gewordne Träume.

Mit Knecht Ruprecht ging ich viel
Vor den schönen Christkindtagen;
Immer neu war unser Ziel,
Seinen Rucksack half ich tragen.

Unsrer Gaben Fülle lag
Fest verschlossen in Verstecken,
Dass nicht vor dem Jesustag
Naseweischen sie entdecken.

Ein Klein-Lottchen konnt ich sehn,
Mit dem Brüderchen, dem Fritzen;
Suchten emsig auf den Zehn
Schlüsselloch und Türenritzen.

Kinder, ward der alte Mann
Böse, zeigte schon die Rute!
Doch ich tat ihn in den Bann,
Bis ihm wieder lieb zu Mute.

Und nun trägt vom hellen Baum
Jeder seinen Schatz in Händen,
Und er lässt sich selbst im Traum
Die Geschenke nicht entwenden.

Ganz besonders diesmal fand
Märchenbuch ich und Geschichten,
Denn ich kam in jenes Land,
Wo die Menschen alle dichten.

Bleibt ihr artig, kleine Schar,
Wird Knecht Ruprecht an euch
denken,
Bringt euch auch im nächsten Jahr
Einen Sack voll von Geschenken.

Und dann steht ihr wie im Traum.
Und von Neuem seht ihr wieder
Kerzenglanz und Tannenbaum
Und hört alte Weihnachtslieder.

Detlev Freiherr von Liliencron

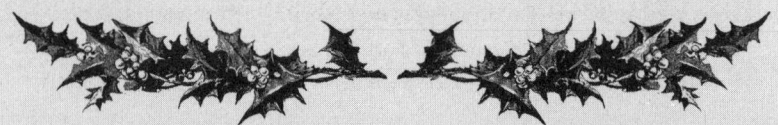

Antje Erdmann-Degenhardt

Marzipan und Glockenklang

Weihnachten in Schleswig-Holstein

SUTTON VERLAG

Danksagung

Für die Hilfe zur Gestaltung dieser Anthologie gilt mein Dank, neben den Autorinnen und Autoren sowie den Rechtsinhabern, besonders folgenden Damen und Herren:

Dr. Frank Baudach (Stiftung Eutiner Landesbibliothek), Elisabeth Bötel (Nortorf), Ulf Diederichs (Welchenberg, Gemeinde Niederwinkling), Helene Feddersen (Wester-Schnatebüll), Dr. Reinhard Görisch (Marburg, Matthias-Claudius-Gesellschaft), Volker Griese (Wankendorf), Berthold Hamer (Glücksburg), Propst i. R. Johannes Jürgensen (Büdelsdorf) und Geschwister, Wiebke Hoffmann (Pinneberg), Pastor Matthias Krämer (Langeness), Doremarie Kruse (Kiel), Dr. Kornelia Küchmeister (Landesbibliothek Kiel), Bürgermeister Jürgen Jessen-Schütt und Ehefrau (Süderbrarup), Christian Lopau (Stadtarchiv Mölln), Süncke Paulsen (Schobüll bei Husum), Dr. Dieter Pust (Flensburg), Kuno Graf zu Rantzau (Rastorf bei Preetz), Henny von Schiller (Schleswig), Stadtbücherei Neumünster, Hedda Theen-Pontoppidan (Nordballig), Dr. Hargen Thomsen (Wesselburen, Hebbel-Archiv).

Elke Dammann (Kellinghusen) danke ich für die ständige, kompetente Beratung, Lektorin Arlett Günther (Sutton Verlag, Erfurt) für ihren Einsatz bei der Konzipierung dieser Anthologie.

Impressum
Sutton Verlag GmbH
Hochheimer Straße 59
99094 Erfurt
www.suttonverlag.de

Copyright © Sutton Verlag, 2012
ISBN: 978-3-95400-082-1
Druck: Aalexx Buchproduktion GmbH, Großburgwedel

Inhaltsverzeichnis

Danksagung	4
Winter- und Weihnachtsland Schleswig-Holstein	7
Vorweihnachtsgedanken	15
Advent, Advent, ein Lichtlein brennt!	23
Braune Kuchen aller Orten	41
Von Nikolaus, Knecht Ruprecht und dem Weihnachtsmann	79
Oh Tannenbaum …	87
Fröhliche Weihnacht überall!	103
Quellen- und Literaturverzeichnis	188
Bildnachweis	191

Winter- und Weihnachtsland Schleswig-Holstein

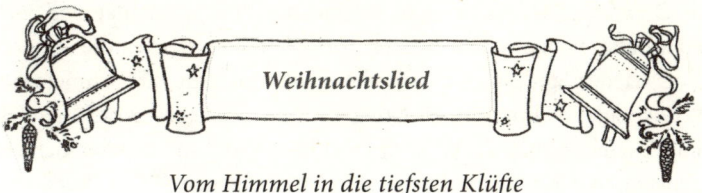

Weihnachtslied

*Vom Himmel in die tiefsten Klüfte
Ein milder Stern hernieder lacht;
Es brennt der Baum, ein süß' Gedüfte
Durchschwimmet träumerisch die Lüfte,
Und kerzenhelle wird die Nacht.*

*Mir ist das Herz so froh erschrocken,
Das ist die liebe Weihnachtszeit!
Ich höre fernher Kirchenglocken
Mich lieblich heimatlich verlocken
In märchenstille Herrlichkeit.*

*Ein frommer Zauber hält mich wieder,
Anbetend, staunend muss ich steh'n;
Es sinkt auf meine Augenlider
Ein gold'ner Kindertraum hernieder,
Ich fühl's, ein Wunder ist gescheh'n.*

THEODOR STORM

Weihnachten im alten Schleswig-Holstein – damit verbinden die Meisten Erinnerungen an die eigene Kindheit, ist doch das Weihnachtsland ein echtes Kinderland!

Der Duft nach Plätzchen mit den unterschiedlichsten Gewürzen wie Kaneel, Anis, Nelkenpulver, Vanille und Macisblüte steigen in einem auf. Der Geruch nach Honigkuchen, Spekulatius, gebrannten Mandeln, braunen Kuchen, Zimtsternen und – in Schleswig-Holstein – *Pförtchen, dem* klassischen Fettgebäck an der Waterkant zwischen Weihnachten und Neujahr, liegt aromastark in der Luft. In Aachen sind es die *Printen* unterschiedlicher Größe und Zusammensetzung, in Frankfurt die *Bethmännchen* und *Prenten*, in Lübeck ist es das stadttypische saftige Marzipan, in Hamburg der *Klöben* und in Dresden der *Stollen*. Jede Region hat ihre Spezialität und viele Haushalte haben noch immer ihre Familienrezepte, die zumeist aber wieder landestypisch sind. Assoziationen an zart schmelzende Schokolade, vollmundiges Nougat, Nüsse, Feigen, Krachmandeln und Datteln erfüllen den Sinn. Doch Grünkohl mit Kassler, Schweinebacke und Kochwurst, nebst den hier beliebten süßen Bratkartoffeln, knuspriger Enten- oder Gänsebraten mit Apfelrotkohl, bläulich gekochter Karpfen mit flüssiger Butter und Sahnemeerrettich oder der klassische Kartoffelsalat mit zarten, schlanken Wiener Würstchen wecken ebenfalls profane Gelüste.

Auch die Dichter sind nicht unberührt geblieben von Weihnachtsvorfreude und Festtagszauber. Viele gestalten die Feiertage in ihrem literarischen Werk erstaunlich nahrhaft und hochprozentig. War in Ostpreußen als Zugeständnis an den kalten Winter der *Bärenfang* – ein honigschweres, alkoholstarkes Gesöff – erklärlich und verständlich, so sind es im alten Schleswig-Holstein die süßen Punsche gewesen, in geschwisterlicher Einheit mit Skandinavien liegend, wo der *Jul-Glög* immer noch eine geliebte Spezialität ist. Daneben wird der klassische schlichte Grog sowie der Teepunsch – und das nicht nur zur Weihnachtszeit – in vielen Landstrichen auch heute noch poetisch verewigt, denn bei Schnee und Eiseskälte schmeckt beides überall!

Spaziergänge in einer verschneiten Landschaft durch Wald und Feld oder gar rund um einen kleinen See, wenn die Sonne glutrot untergeht, sind eine willkommene Unterhaltung am Nachmittag des Heiligen Abends, um das Warten zu verkürzen. Ebenso sind Wanderungen auf einem grünen Deich, sei es an Nord- oder Ostseeküste, unter geballten grauen Wolkenkissen, in unserem Lande zwischen den Meeren beliebt. Wenn hier und da unter den behaglichen Reetdachhäusern schon erste Lichter einladend und gemütlich leuchten,

stemmt man sich noch gerne für eine Frischluftzufuhr dem heftigen Wind entgegen.

Viele zieht es auch am 24. Dezember in die Gotteshäuser, die in den unterschiedlichsten Formen und Größen zahlreich aus allen Jahrhunderten im Lande zu finden sind. Die Auswahl ist groß: von den eindrucksvollen Friesendomen in den Utlanden und auf dem geschützten nordseenahen Festland bis hin zu den vielfältigen Feldsteinkirchen in Angeln, von den schlichten klerikalen Gebäuden auf der dörflichen Geest bis hin zu den mächtigen Backsteinbauten in den alten Städten wie Lübeck, Kiel, Schleswig oder Flensburg.

Zahlreiche Menschen verbindet die Erwartung von Harmonie, zumeist in liebevoller Geselligkeit, in warmen, lichtdurchfluteten Räumen. Familien finden sich vereint unter dem reich geschmückten Tannenbaum. Alleinstehende werden mit herzlichen Briefen, anrührenden Handarbeiten oder leckerem Selbstgebackenem überrascht. Menschen, die bis zum Mittag des 24. Dezembers noch vom Stress gejagt werden, finden gegen Abend endlich Ruhe, wenn auch manchmal nur für wenige Stunden.

Musische und amusische Seelen wühlen plötzlich in Kommoden und Bücherschränken nach alten Weihnachtsgedichten und -erzählungen. Sie nerven Buchhändlerinnen und Bibliotheksangestellte mit der Frage nach Texten. Wie war das doch damals? Alljährlich hatte man sie als Kind lernen müssen und nun hat man einen Teil vergessen. *„Denkt Euch, ich habe das Christkind gesehen ..."*. Welcher Schüler musste dieses Gedicht von Anna Ritter (geb. Nuhn, 1865–1921) nicht früher auch in Schleswig-Holstein zum Weihnachtsfest aufsagen? Und doch erinnert man sich nur noch bruchstückhaft daran!

Einige üben sich auch zaghaft im Singen der alten Lieder oder probieren sogar das Spielen von traditionellen, kleinen Musikstücken auf der Blockflöte. Handarbeitsversierte haben schon lange vor dem Fest ellenlange bunte Wollschals gestrickt oder Topflappen gehäkelt. Einige besticken sorgfältig breite Leinenbänder mit zauberhaften Motiven, die später, zu Schleifen gebunden, Bauernschränke, Vitrinen oder Haustüren zieren sollen.

Vielbeschäftigte Väter haben endlich Zeit, mit den kleinen Söhnen Holzeisenbahnen zusammenzufügen und sich als Lokomotivführer zu fühlen. Mütter, weihnachtsstressgeplagt, haben trotz aller Hektik dennoch Muße, ihren Kindern etwas vorzulesen und mit ihnen zu singen. Und die Sprösslinge, computerverwöhnt und -geschädigt, begeistern sich plötzlich für Weihnachtsgesänge und lassen sich für Krippenspiele zu rustikalen Hirten oder herzigen Engeln mit goldenen Pappflügeln verwandeln. Tanten und Großmütter dürfen sich für einen Nachmittag einmal ihre Neffen und Nichten ausleihen und laden die Kleinen zu einer klebrigen Keksbäckerei in die eigene, wohl aufgeräumte Küche ein. Zuvor suchen sie nach den guten, alten Rezepten für weiße und braune *Plättchen*, *Wiehnachtspoppen* oder Honigkuchen, unkomplizierte Rezepte, einfach herzustellen, die dann beim Nachbacken das Haus mit dem zauberhaften typischen Duft der Weihnachtszeit erfüllen! Man muss ja nicht gleich in die Massenproduktion mit Unmengen von Mehl, Zucker, Mandeln, Nüssen, Honig oder Sirup einsteigen! Es sollen ja nur einige Blechdosen gefüllt werden und nicht Waschkörbe oder Milchkannen voll, wie es früher auf den großen Gütern und Bauernhöfen des Landes oder in den vielköpfigen, kinderreichen Stadthaushalten üblich war, wo man auch das Personal mit den damals noch seltenen Backwaren beschenkte.

Kinderlose Familienangehörige oder Freunde der Eltern finden sich ein, um die Kleinen zu Weihnachtskonzerten oder -spielen zu begleiten, wenn die Mutter im Beruf oder im Haushalt aufgrund der Festtagshektik unabkömmlich ist.

Überall klingt es, jubelt es und duftet es! Licht schimmert in unzähligen Farbtönen, spiegelt sich in glänzenden Kugeln und gläsernem Zierrat wider. Alle sind erwartungsselig und überraschungsbereit: *„Macht hoch die Tür, die Tor macht weit …!"*

Ruhig soll sie bleiben, die Vorweihnachts- und Weihnachtszeit! Das kann man lernen! Selbstbesinnung und menschliches Miteinander sind angesagt. Omis, Großväter, Tanten und Onkel sind entzückt über die Intelligenz der Jüngsten, die am Heiligen Abend der staunenden Sippe das mühsam eingetrichterte Gedicht vortragen – auch wenn es dann (wie einst meiner zweijährigen Tochter) passieren kann, dass die Verse mit den andachtsvoll vorgetragenen Worten enden: „… *und es roch so nach <u>Erbsen</u> und Mandeln!"*

Kinderkekse

Knapp ⅛ l Wasser, 60 g Butter, 200 g Zucker, 1 Ei, ½ Päckchen Vanillezucker, 75 g Kartoffelstärke, 400 g Weizenmehl, 1 Päckchen Backpulver.

Wasser aufkochen und darin die Butter und den Zucker auflösen, abkühlen lassen. Ei, Vanillezucker, Mehl und Backpulver daruntergeben, alles gut verkneten, zur Kugel formen und in Haushaltsfolie gewickelt eine Stunde im Kühlschrank ruhen lassen. Sodann auf Haushaltsfolie dünn ausrollen, mit Weihnachtskeksförmchen ausstechen, nicht zu dicht auf ein mit Backpapier belegtes Blech setzen, mehrmals mit einer Gabel auf der Oberfläche einstechen, bei auf 175°C vorgeheiztem Ofen 15 Minuten auf dem mittleren Rost hellgelb backen.

Vom Christkind

Denkt euch, ich habe das Christkind geseh'n!
Es kam aus dem Walde, das Mützchen voll Schnee,
mit gefrorenem Näschen.
Die kleinen Hände taten ihm weh,
denn es trug einen Sack, der war gar schwer,
schleppte und polterte hinter ihm her –
was drin war, möchtet ihr wissen?
Ihr Naseweise, Ihr Schelmenpack –
meint Ihr, er wäre offen, der Sack?
Zugebunden bis oben hin!
Doch war gewiss etwas Schönes drin:
Es roch so nach Äpfeln und Nüssen.

Anna Ritter

In Schleswig-Holstein wird und wurde das Weihnachtsfest sehr unterschiedlich gefeiert: mit und ohne Geschenke, mit und ohne Tannenbaum, mit und ohne Krippe. Hierbei unterlagen auch die einzelnen Regionen durch Grenzverschiebungen den vielfältigen Weihnachtsbräuchen aus dem Nachbarland. Gebiete wurden dazugewonnen – wie im 19. Jahrhundert das Herzogtum Lauenburg – gingen aber auch verloren wie weite Teile von Nordschleswig nach der Volksabstimmung im Jahre 1920. Und die zuvor immer eigenständige Freie Hansestadt Lübeck gelangte in den 1930er-Jahren zum Landesterritorium Schleswig-Holsteins. Die ehemals zweitgrößte Stadt Holsteins, Altona, kam 1938 an Hamburg. Doch überall spielte das Brauchtum eine große Rolle, wird teilweise auch heute noch liebevoll gepflegt und soll deshalb hier auch behandelt werden.

Das Weihnachtsland ist ein Land ohne Grenzen, in dem nur Freude herrschen soll! Tragen auch wir – in Erinnerung an die Festtage im alten Schleswig-Holstein und im Bewusstsein der festlichen Stunden in der Gegenwart – unseren Teil dazu bei!

Ihre Antje Erdmann-Degenhardt

Vorweihnachtsgedanken

Glücksburg im November

In Glücksburg sind die Steige hochgeklappt,
doch letzte Rosen blühen noch am Stamm.

Mit müden Augen winkt das weiße Schloss
und spiegelt matt im grauen Teiche sich.

Die Sonne blinzelt durch die Nebelwolken
und lässt an ferne Sommer denken.

Grabmale warten nun auf Kränze, Kissen und Gestecke
aus Rentiermoos und gelben Astern.

Die ersten Weihnachtsmärkte laden ein
mit Kerzen, Keksen und Adventsgehängen.

Das alte Jahr, es rüstet sich
und hüllt sich ein für winterlichen Schlaf.

Wenn die Blätter nach bunten Herbsttagen unter den Schuhsohlen rascheln und die morgendliche Landschaft durch feinen grauen Nebel verschleiert wird, wenn man aus Schachteln und Dosen so langsam die Adventssachen zusammensucht und sich schon mal Gedanken über die Geschenke und das Festtagsmenü macht, dann nähert sich, wenn auch noch zögernd, die gemütliche „gnadenbringende" Vor-Weihnachtszeit!

Gelegentlich stellt man sich da die Frage: Seit wann gibt es eigentlich das Weihnachtsfest und warum wurde gerade der 24. Dezember als Geburtstag Christi proklamiert?

In der spät-römischen Kaiserzeit gedachte der Bischof Liberius am 25. Dezember 354 zum ersten Mal dem Geburtstag Christi. Es war der Zeitpunkt der Wintersonnenwende, an dem man seit alters her den unbezwinglichen Sonnengott feierte. Diese Mischung von antikem und frühchristlichem Fest zog dann mit den römischen Legionären an den Rhein. Später ordnete die Synode zu Mainz im Jahre 813 die Feier des Weihnachtsfestes an. Doch sowohl das Datum wie auch der historische Ursprung sind umstritten. Dazu kommen noch indogermanische und germanische Einflüsse. Mit dem Wiederaufstieg der Sonne ab der Mittwinternacht oder der Sonnenwende huldigte man auch in anderen Regionen den Mächten des Lichtes, der Wärme und damit auch der Fruchtbarkeit. Doch das ist schon so lange her. Die heutige Vorweihnachtszeit mit ihren lieb gewordenen Sitten steht uns doch sehr viel näher.

Eigentlich hat man den letzten Sommer noch im Kopf, der wieder viel zu schnell vergangen ist. Doch was hilft es? Es ist Ende November und in wenigen Tagen ist der erste Advent! Die heimeligen, wenn auch dunklen Stunden sind da und sollen durch viel warmes Kerzenlicht und süßes Backwerk verschönt werden! Es wird Zeit, sich gedanklich darauf einzustimmen!

Im November

Schon dämmern die Wiesen nebelfeucht und verhangen in den Abend. Da raschelt das Laub herbstlich unter den Gummistiefeln, bis ein Regentag der zimtfarbenen, rostbraunen, olivgesprenkelten Vielfältigkeit an Gezacktem, Gekrümmtem, Gerolltem ein Ende macht und alles in eine erdfarbene Masse verwandelt, die sich langsam auflöst. Die Tage des Kastanien- und Bucheckernsammelns sind schon lange vorbei. Die von benachbarter Kinderhand gebastelten Pfeifenmännchen aus Eicheln und Streichhölzern beginnen unmerklich zu schrumpfen. Gerbsäuregeruch und der Duft nach feuchter, weicher Erde durchzieht den Wald.

Soll es etwa schon wieder Weihnachten werden? Schon wieder die bunten Lichterkaskaden, das Gedudel der Weihnachtslieder, diese Strohsterne, Scherenschnitte, Engelchen?

Keine kleinen Kinder helfen einem mehr hinein in die festliche Vorfreude. Das Nest ist leer! Telefonate künden von Klausuren und Hausarbeiten. Niemand will mehr Gesänge einüben, Blockflötenstücke spielen, Gedichte suchen und mit Leim oder Kuchenteig Stühle und Tische verkleistern und beschmieren. Eine graue Monotonie mit noch mehr Arbeit, noch mehr Sorgfalt, noch mehr Aufregung füllt die Tage und auch teilweise die Nächte randvoll wie dunkler Schlamm.

Mit Protest im Herzen gegen die fröhliche, selige, gnadenbringende Weihnachtszeit pflanzt die Mutter 30 Stiefmütterchen auf dem Hof ein. Sie leuchten tapfer und goldgelb mit samtbraunem Auge gegen die feuchte, trübe Dämmerung an, die den Tag fast nicht mehr verlässt. Doch da erfasst auch die Mutter unerwartet ein Zipfel der Vorfreude auf Wärme, Geborgenheit, auf die zu erwartende Heimkehr der großen Kinder zum Fest, auf Familiengespräche und schlichtes Beieinander.

In Nortorf im Kreis Rendsburg-Eckernförde ist es. Ein kleines Schild einer renommierten Bäckerei kündet es: „Heute wieder frische Apfelstuten!" Bilder steigen auf: alte buckelige Stutenfrauen aus dem 19. Jahrhundert, die einen mit Brot und Kuchen beladenen Schlitten durch den Schnee über Land ziehen und jubelnd von den Kindern auf den einsamen Höfen und den abgeschiedenen Dörfern begrüßt werden.

Der schwarze eiserne Herd einer mütterlichen Freundin auf einem kleinen Gut auf der holsteinischen Geest ist in Gedanken wieder präsent, mit seinen blitzenden Messingstangen und -knöpfen, mollige Geborgenheit verströmend. Eine tönerne Schale mit Apfelstuten steht auf der runden polierten Tischplatte. Und mit dem knusprigen Gebäck weht er herüber: der Duft aus der Jungmädchenzeit nach Tannengrün, reifen Äpfeln und alten Mahagoni-Möbeln, wenn in den Zimmerecken die Finsternis saß und nur das weiche Licht selbstgedrehter Wachskerzen die gemütliche Runde gerade so hell erleuchtete, dass man aus weißen Papierstreifen Fröbelsterne knicken konnte. Die Gastgeberin war damals etwa so alt, wie die Mutter heute. Warum konnte sie diese fast märchenhafte Stimmung zaubern, die man heute zumeist vergebens sucht? Hatte man damals mehr innere Bereitschaft, diese leise, besinnliche und besondere Atmosphäre vor dem Weihnachtsfest in sich aufzunehmen? Oder war es das Ambiente – der alte Gutshof, das Plätzchenbacken (waschkörbeweise!), der stille Wald hinter den Stallungen –, das wie in eine andere Welt eintauchen ließ? Die Mutter weiß es nicht. Doch sie will versuchen, die unnachahmliche, versunkene Stimmung wenigstens an den Festtagen hinüberzutragen in die Herzen der eigenen Kinder. Ob es ihr gelingen wird? Vielleicht werden selbstgebackene Apfelstuten ihr dabei helfen!

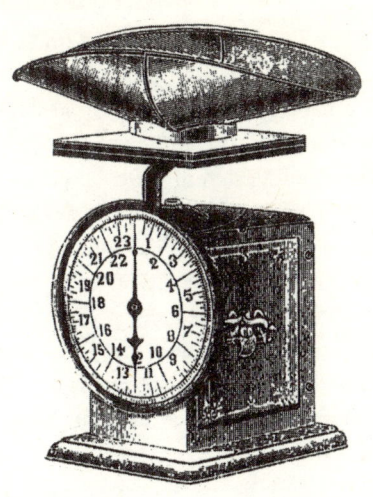

Großmutters Apfelstuten mit Hefe

ZUTATEN: 60 G BUTTER, 350 ML KALTES WASSER, 1 WÜRFEL FRISCHE HEFE, 600 G MEHL, 600 G MÜRBE, SAFTIGE ÄPFEL (CA. 4 STÜCK, MITTELGROSS), 2 EL ZUCKER, ½ TL KARDAMOM, ¼ TL SALZ, PUDERZUCKER ZUM BESTREUEN, EVT. NOCH BUTTER ZUM BESTREICHEN.

Die Butter wird auf kleiner Flamme zerlassen und mit dem kalten Wasser gemischt. In einer Tasse wird die zerbröckelte Hefe mit dem Salz grob verrührt. Nach einigen Minuten ist sie flüssig. Das Mehl wird mit dem Butter-Wasser-Gemisch in einer großen Schüssel vermischt, die flüssige Hefe dazu gegossen und alles mit dem Knethaken kräftig bearbeitet. Die Schüssel mit einem sauberen Küchentuch abdecken und an warmem Ort gehen lassen, bis sich der Teig verdoppelt hat. In der Zwischenzeit die Äpfel schälen, entkernen und in sehr dünne, kleine Stückchen schneiden. Mit dem Zucker und Kardamom mischen und unter den Teig geben. Diesen nochmals 30 Minuten gehen lassen.

Mit einem Esslöffel Portionen abstechen (etwa 50 g schwer) und mit Abstand auf ein gefettetes Blech setzen oder in ausgefettete Pastetenförmchen geben. Den Teig nochmals 15 Minuten an zugfreiem, warmem Ort gehen lassen.

Die Apfelstuten auf Mittelhöhe in den vorgeheizten Backofen schieben und bei 200°C etwa 15 bis 20 Minuten hellbraun backen (Stäbchenprobe).

Die Stuten werden nun mit gesiebtem Puderzucker bestreut und lauwarm zum Kaffee serviert. Wer will und darf, kann sie vorsichtig halbieren und mit Butter bestreichen. Schlicht, aber lecker!

Lange bevor die Hausfrau mit der Weihnachtsbäckerei begann, wandte man sich früher – wohl noch bis in die 1960er-Jahre, zumindest im ländlichen Raum – einer anderen nahrhaften Vorsorgetätigkeit zu. Man mästete, so Platz dafür vorhanden war, direkt neben dem „stillen Örtchen" in einem Koben auf dem Hof ein Schwein. Dieses wurde mit Schrot, Kartoffeln, Kleie und den gesunden Küchenabfällen wie Gemüse- und Obstresten gefüttert. Im November schlachtete man es emotionslos und verarbeitete es zu leckeren Kotelett-Stücken, geräucherten Schinken, gehaltvollen Specksieten, unzähligen Würsten und anderen nahrhaften Köstlichkeiten. Ob diese Schweine nun glücklicher waren als die aus den heutigen großen Tiermastbetrieben? Auf jeden Fall hatten sie bis zu ihrem seligen Ende Familienanschluss!

Bei einem Schneidermeister in der Nähe von Itzehoe ereignete sich kurz vor Beginn der Schlachtzeit eine kleine Episode, die ihn nicht gerade festtagsfreudig stimmte. Die Kellinghusenerin Elke Dammann[1] weiß davon zu berichten:

Swiensriden

De Wiehnachtstied is ok Swienslachttied. Sniedermeister Merkel un sin Familie haln ok alle Johr een Swien in de Mast. De Stall stung ganz neeg bi'n Misthopen, darr kunn man vun de Werkstäd ganz genau hinkiken. Dormals gev dat noch keen Vullkanalisation, aver Korl, dat Swien, wer dat egal. Aff un an leet Merkel Korl mal rut nan Gord'n. Dat wer een groten Wischhoff mit Appelbööm. Dat geföll Korl god, dor künn he mal richtig mit'n Rüssel in de Eer rümgraben. Futtern düng Merkel em sölbst – un dach mit'n slecht Geweten an de Tied, wenn Witsch Hansen, de Slachter, sik anmellen düng. Korl wüss, dat em dat an Kragen güng, denn Witsch hal vörn tiedlang al mal in'n Stall rinkeken.

Dat güng op Wiehnachten to, Speck un Schinken un öberhaupt dat Fleesch wörr knapp un Korl wer ja ni dumm. Merkel güng noch mal in'n Stall un vertell sik wat mit sien Swien – un Korl grunz sin Menung dorto. Ganz in Gedanken stüng Merkel nu in'ne Stalldör un kek na buten un hal gor nich markt, dat he dat Kaschott ni tomakt hal.

Dat wer Korl sin Rache wegen Witsch. He käm ganz liesen vun Achtern rut, quetsch sik twüschen Merkels Been – un denn güng dat rut ut'n Stall, rin in'n Gord'n un in Swiensgalopp ünner

---

[1] Elke Dammann (Jahrgang 1934) ist mit der Region, ihrer Geschichte und dem Brauchtum eng verbunden. Elf Jahre lang leitete die gelernte Trichin- und Fleischbeschauerin ab 1979 das Museum ihrer Heimatstadt. 18 Jahre lang war sie Gleichstellungsbeauftragte des Amtes Kellinghusen-Land. Zahlreiche Beiträge in den Steinburger Jahrbüchern entstammen ihrer Feder. Bei zehn Dokumentationen über „Frauengeschichte-Frauengeschichten im Kreis Steinburg" war sie verantwortliche Mitarbeiterin. Sie verfasste mehrere Familien- und Hofchroniken, war federführend bei allen Rezepten des Kochbuches „Kellinghusener Landfrauen kochen" und bearbeitet seit vielen Jahren das Archiv im Schloss Breitenburg. An der hier vorliegenden Weihnachtsanthologie hat sie tatkräftig mitgewirkt.

de Appelbööm hindörch, vörbi an de Johannsbeerbüscher, rin in'n Gemüsegord'n, vörbi an Petersill un Rosenkohl – Korl wer richtig in Fort, he kenn sik dor ut. Merkel kunn nix maken, as sik fast holen. Bi de Brummelbeerbüscher dreih Korl bi, leep trück Richtung Stall – un as he in'ne Höch vun Misthopen ankäm, smet he den Meister eenfach aff. Nu stunk Merkel ok as'n Swien. Korl grien sik een un kek em swienplietsch vun de Siet an. Sech ut, as wenn he sik freien düng. Merkel wer trech mit de Welt. Aver dat leegst wer, de Geselln un Lehrjungs haln vör Lachen Traan in de Oogen. Merkel hätt dre Wäken nich mit de Lüüd snackt.

Awer wegen Korl hal he nu keen slecht Geweten mehr. Witsch Hansen kunn sin Arbeit maken – Korl käm in'ne Wust.

Elke Dammann

Advent, Advent, ein Lichtlein brennt!

*Advent, Advent,
ein Lichtlein brennt!
Erst eins,
dann zwei,
dann drei,
dann vier –
Dann steht das Christkind
vor der Tür.*

VOLKSGUT

Die gemütlichen Weihnachtstage werden eingeläutet durch die mehrwöchige Adventszeit. War diese früher eine Fastenzeit „als Vorbereitung auf die Ankunft des Herrn", wie der Volkskundler Paul Selk (1903–1996) in seiner umfangreichen Darstellung „Mittwinter und Weihnachten in Schleswig-Holstein" feststellte, so tragen sie seit dem 20. Jahrhundert ein „Doppelgesicht". Da ist zum einen die Geschäftigkeit, heute überwiegend geprägt durch das Einkaufen von Geschenken, das Versenden von Briefen und Liebesgaben an entfernte lebende Verwandte und Freunde sowie das Backen von köstlichen Keksen. Da ist zum anderen aber auch die kurze stille Besinnung, wenn am Nachmittag die Kerzen auf dem Adventskranz brennen und sich die Familie, etwa zur Kaffeezeit, zu einem Stündchen versammelt, um gedankenverloren in die Flammen zu schauen, einige Nüsse zu knacken, die ersten braunen Kuchen zu kosten und sich gemeinsam auf das Weihnachtsfest zu freuen.

Wer nun aber meint, die Sitte des zu diesem Zweck gekauften oder gar selbst gebundenen Adventskranzes habe eine ebenso lange Tradition wie die des Weihnachtsbaumes, der irrt! Das grüne Gebinde, hergestellt aus Reisig unterschiedlicher Nadelhölzer wie Fichte, Tanne oder Eibe und gelegentlich auch aus Buchsbaumzweigen, Ilex-Blättern sowie Efeuranken, ist typisch norddeutsch und geht erst auf die Zeit nach 1860 zurück.

Der Hamburger Theologe und Pädagoge Johann Hinrich Wichern (1808–1881) gilt als eigentlicher „Erfinder" des liebenswürdigen grünen Kranzes in seiner klassischen Gestalt. Wichern war der Begründer der sozialpädagogischen Einrichtung „Rauhes Haus" in Hamburg sowie der Inneren Mission. Beeindruckt von den großen sozialen Problemen Hamburgs entstand in dem dörflichen Vorort Horn, der damals noch nicht zur Hansestadt gehörte, auf seine Initiative hin und unterstützt von einem Freundeskreis, 1833 eine Anstalt „zur Rettung verwahrloster und schwer erziehbarer Kinder". In dem „Rauhen Haus" – eine namentliche Verfälschung der Ursprungskate „Ruges Haus" d. i. rotes Haus – zog er hier zusammen mit versierten Betreuern in familienähnlichen Strukturen Kinder auf, die beschult und religiös unterwiesen wurden. Später kamen berufliche Werkstätten hinzu.

Im Dezember 1838 entzündete er den Kindern erstmalig auf einem von der Decke hängenden Holzreifen, möglicherweise einem Wagenrad, für jeden der neunzehn Werktage in der Adventszeit dieses Jahres eine kleine rote Kerze und für die vier Adventssonntage jeweils eine dickere weiße. Später, nach 1860, wurde der Ring mit grünen Zweigen umwickelt. Der Adventkranz war geboren und fand Nachahmer.

Doch Wichern führte nur eine sehr alte Tradition weiter. Denn er setzte in abgewandelter Form die Sitte der Adventskrone fort, die

bereits im 18. Jahrhundert beschrieben wurde. So heißt es über eine Weihnachtsfeier in einer nicht genau benannten Quelle aus dem Jahre 1795, „dass in der Mitte ein mit 24 Wachsstöckchen besetzter Buchsbaumkronleuchter hing" und 1814 wird von einer „grünen Krone" berichtet, welche die Kinder zu einer Adventsfeier gebunden hatten. Ein Kupferstich aus dem Jahre 1824 zeigt darüber hinaus einen mit Kugeln, Kringeln und kleinen Musikinstrumenten geschmückten Christbaum, um dessen Stamm in drei Etagen sich verjüngende Holzreifen hängen, die mit unzähligen brennenden Kerzen bestückt sind.

Es ist anzunehmen, dass die Lichter aus Brandschutzgründen auf den drei Holzreifen befestigt wurden, da es noch keine Kerzenhalter gab. Bediente man sich nicht derartiger Kerzenringe, tauchte man meterlange dünne Dochte in flüssiges Wachs, wickelte die erstarrten „Wachsstöcke" mittels einer Winde auf und schnitt davon später drei bis fünf Zentimeter lange Stückchen ab. Diese erwärmte man dann am unteren Ende und bog sie um die Tannenzweige. Es ist offensichtlich, dass eine erhöhte Brandgefahr bestand, wenn diese Lichter heruntergebrannt waren!

Wichern nahm die Idee des Lichterkranzes mit in sein späteres berufliches Wirkungsfeld nach Berlin. Von dort breitete sich der Adventskranz anfangs nur zögerlich aus und ist eigentlich erst seit

dem 20. Jahrhundert eine allgemein beliebte Dekoration in der Vorweihnachtszeit, die mit ihren vier Kerzen im dunklen Dezember die Vorfreude auf das Christfest weckt.

Aus Schleswig-Holstein hat man zu Anfang des 20. Jahrhunderts nur wenige Zeugnisse hiervon: 1913 soll der grüne Kranz zum ersten Mal in Malente in der Schule gehangen haben, wie Paul Selk mitteilt, leider ohne Quellenangabe. Auf der schleswigschen Geest wurde er erst nach 1929 bekannt. Und literarisch wurde die Adventszeit in Schleswig-Holstein so gut wie gar nicht vermerkt.

Durchblättert man alte Berichte über die Vorweihnachtszeit in dem kleinen Land zwischen den Meeren, so vermisst man neben dem Begriff „Adventskranz" auch die Bezeichnung „Adventszeit". Hingegen ist häufig von winterlichen Freuden wie Eislaufen und Schlittenpartien die Rede, deren körperliche Anstrengung in der frischen Winterluft zum Schluss mit einem wärmenden Getränk gekrönt wurde.

Ein frühes Zeugnis der Vorweihnachtszeit – aber noch ohne den Adventskranz – sind die „Bilder aus dem Jugendleben eines nordfriesischen Knaben", des späteren Theologen aus Wester-Schnatebüll bei Niebüll, Christian Feddersen (1786–1874). Er beschreibt seine schlichte Kindheit auf dem elterlichen Hof inmitten seiner Geschwister:

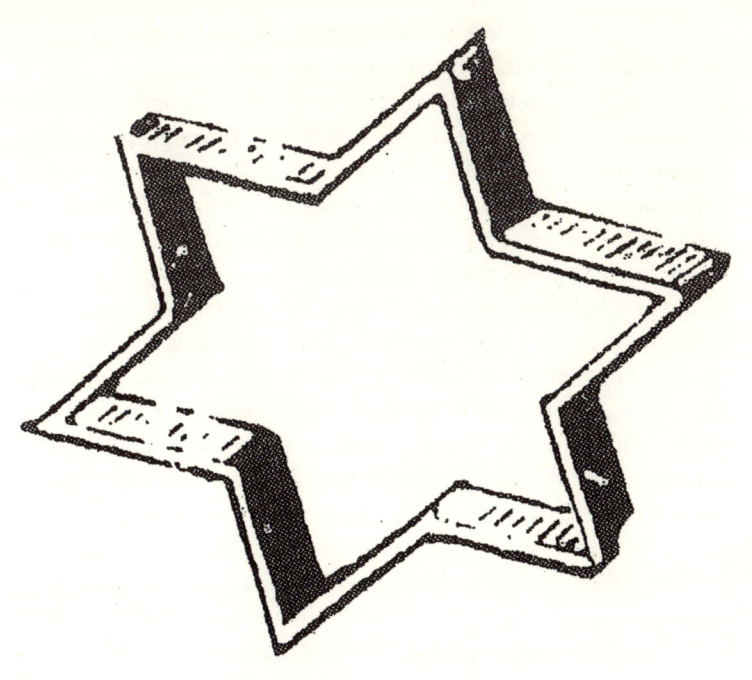

Winter- und Weihnachtszeit in Wester-Schnatebüll

Auch den Wintertag muss ich noch ein wenig ins Auge fassen, wenn ich die tägliche Lebensweise darstellen will mit ihren mannigfachen Freuden. Da waren es besonders die geselligen Freuden, welche ihn uns allen so reizend machten. Diese geselligen Freuden vereinigten sich besonders an den Abenden. Wir treten einmal in die liebe Stube hinein, wo die Gesellschaft versammelt ist. An dem runden Tische, auf dem ein hellstrahlendes Talglicht steht – in den Häusern der meisten Dörfner finden wir noch die alten Tranlampen – sitzt der liebe Vater mit seinen sämtlichen, bereits sesshaft gewordenen Kindern; etwas entfernt von dem Vater sehen wir die Mutter an ihrem Spinnrade; nebenbei die Magd des Hauses und ein paar andere Mägde und Frauen, sämtlich mit ihren Spinnrädern oder ihren Wollkratzern; um den Ofen herum haben sich einige mit wollenen Mützen bedeckte Bauern oder junge Dörfner gepflanzt, die entweder bloß rauchen oder auch Strümpfe stricken oder Netze flechten. Eine unendliche Behaglichkeit sehen wir ausgebreitet über alle die friedlich versammelten Menschen. […] Ja, wahrlich, es waren über alle Maßen köstliche Winterabende! […] Für uns Kinder war es in der Tat ein großes Glück, dass so menschlich schöne Winterabende uns wurden, die uns beglückten und bildeten und woran wir später noch im spätesten Alter mit Freude gedenken werden.

Ein lieblich Bild von einer Freude im engsten beschränktesten Kreise lebt noch auf in meiner Seele. Mein Vater sitzt am Ofen und stemmt seine Füße an denselben, um sie zu wärmen, sein, für diesen Augenblick, Bevorzugter steht zwischen den väterlichen Beinen, und der Glückliche, welcher diesem Hauptfavoriten am nächsten steht, hat seinen Platz zwischen dem linken Bein des Vaters und der Bank, in der Ofenecke; ein paar andere Kinder haben sich an die Lehne des Stuhles gedrängt; alle aber horchen auf die liebliche Erzählung des Vaters, die entweder aus der Geschichte oder aus seinem eigenen Leben oder aus dem Reiche der Dichtung genommen ist und durch Einfachheit, Klarheit und milde Wärme, bisweilen auch durch eine heitere Laune sich auszeichnet; alle üben sich, die seelenvolle Arie zu singen, die der Vater sie lehrt, oder einen Gesangsvers, den er ihnen einübt. […] Ich bin aber immer bei dem Winterabende geblieben, ich muss billig doch auch vom Tage sprechen. Es sei!

Wir Kinder stehen auf den Stühlen an den Fenstern, die mit dickem Eise überzogen sind. In die Welt wollen wir hinausblicken, wir können es nicht. Unsere Ungeduld kann nicht warten, bis die Mittagssonne das Eis schmilzt, wir wollen selbst dem Sonnenstrahle Bahn machen. Da hauchen wir denn wetteifernd mit warmem Odem die Scheiben an, bis das Eis schmilzt und eine runde Öffnung erscheinet, durch welche wir wieder Himmel und Erde erblicken können und einige freundliche Strahlen ins Dämmerung erfüllte Zimmer fallen sehen. Wir stehen vor den runden Öffnungen ebenso begierig, wie jene Leute, die durch Vergrößerungsgläser in der Wand auf die gemalten landschaftlichen Herrlichkeiten hinstarren, und haben eine ähnliche Freude und ganz umsonst. […] Nun aber gehen wir einmal aus dem Zimmer und aus dem Hause hinaus und springen im Schnee herum, dass es stäubet und freuen uns über unsere kleinen Halbbrüder, die Vögelein, die in den Schnee hineinschwirren und fröhlich dann auf das Dach oder die nackten Baumzweige sich schwingen.

Unsere Eisfreuden brauche ich nur zu nennen, um die lieben Leser auf einen Glanzpunkt des Winterlebens hinzuzeigen. Das schnelle, kühne Hingleiten über das Eis, wobei wir die eisenbelegten Holzschuhe dicht aneinanderschlossen und kerzengerade uns hielten, war schon ganz schön; schöner noch das Schlittschuhlaufen mit seinem geraden, pfeilschnellen Fortsegeln und seinen vielfachen anmutigen Schwingungen und mit seinen meilenweiten Bahnen. […] Als Anhang zu dem Sonntage stehe hier der Weihnachts- und Neujahrstag. Außer der kirchlichen Festlichkeit und den gewählteren Mahlzeiten und den von der Mutter herrührenden Leckerbissen erwähne ich nur noch der Gesänge und der Vorlesungen, wodurch diese Tage geheiligt wurden. Die Gesänge wurden von herumwandelnden Kindern des nächsten Kirchdorfes angestimmt, welche dafür Gebäck und allenfalls auch einen Apfel mit einem Schillinge darin bekamen. […]

Von Weihnachtsbäumen wussten wir nichts und nichts von Weihnachtsgeschenken, wie hernach wir sie unsern Kindern gegeben haben, und dennoch strahlte die größte Zufriedenheit und der innigste Herzensjubel aus unsern Augen. Hatten wir doch jeder einen Apfel mit einem Drittehalb (2½ Schill.), hatten wir doch einige Pfeffernüsse von Roggenmehl, die durch den eingemischten Sirup so lieblich braun waren; hatten wir doch sogar gebackene Hirsche, welche von Leck aus zu uns gekommen waren und deren Gestalt, Farbe und Geruch uns ebenso sehr ergötzten als ihr Geschmack; hatten wir doch die allervortrefflichsten Knippelkuchen, in deren Mitte eine gebackene Pflaume steckte; hatten wir doch zu Mittage, ja wohl gar zu Abend, einen Sauerbraten, der wunderlieblich duftete und schmeckte. Was wollten wir denn mehr? – Immer auch schwebte uns in den Festzeiten vor, dass wir nun recht lange frei hätten, frei von Schul- und auch meistens von Hausarbeiten, dass wir selbst über unsere Zeit gebieten durften. Diese Vergünstigung des freien Waltens war mir besonders etwas sehr Wichtiges.

CHRISTIAN FEDDERSEN

Der dänische Kammerjunker und Volljurist Ernst Johann Albrecht von Bertouch (1821–1904), der von 1853 bis 1864 von der Regierung in Kopenhagen nach Nordstrand als Hardesvogt abgeordnet worden war, schilderte in seinen Erinnerungen anschaulich die winterlichen Beschwernisse auf der damals noch nicht durch einen Fahrdamm mit dem Festland verbundenen Insel Nordstrand. Das Eiland war seinerzeit vom Husumer Außenhafen aus nur mit einem Schiff zu erreichen. In der kalten Jahreszeit war das eine nasse und eiskalte Partie! Doch Wetter hin und Wetter her – auch bei Eis und Schnee ließen es sich die Nordstrander und ihre Gäste bereits im 19. Jahrhundert, wenn die Insel denn endlich erreicht war, nicht verdrießen und machten es sich gemütlich, selbst wenn die Unbill der Elemente oft ein nächtliches Nachhausekommen von Gästen unmöglich machte. So berichtet Bertouch von einer abendlichen, winterlichen Einladung und gibt uns dabei gleichzeitig ein wenig Einblick in die Beköstigung der Inselbewohner:

Schlittenfahrt auf Nordstrand

Nach zwei Stunden hatte das Wasser den richtigen Stand erreicht. Es begann langsam zu fallen und damit konnten wir das Boot „abtreiben" lassen. Als wir die Au verlassen hatten, lag aber nicht jener schmale Wasserarm vor uns, den ich bei meiner ersten Reise überfahren. Eine breite Wasserfläche von mehr als einer halben Meile dehnte sich zwischen Festland und Insel aus, übersät mit großen und kleinen Eisschollen. Mühsam mit langen Stangen hielt der Schiffer diese von uns ab, um sich dann durch die breiartige Masse von Schnee und Eiswasser zu drängen. Oft waren wir rings von festem

Eise umgeben und mussten, in Gefahr gequetscht zu werden, wohl eine Stunde warten, bis es sich selbst soweit vorschob, dass wir eine Fahrrinne fanden oder es dem Schiffer gelang, eine solche zu bahnen. So kämpften wir stundenlang, bis wir endlich auf zahllosen Umwegen gegen Eintritt der Dämmerung das schneebedeckte Vorufer erreichten und nun noch 1½ Stunden durch tiefen Schnee auf ungebahnten Wegen uns bis zu meiner Wohnung [im Ort Süden, Anmerkung d. Verfassers] durcharbeiteten. Wie einem nach solchen Anstrengungen eine warme Tasse Tee bekommt, vermag nur derjenige zu schätzen, welcher ähnliche Erfahrungen gemacht. […]

Es gibt aber auch ausnahmsweise eine bequemere Art, im Winter von Husum nach der Insel zu gelangen. In harten Wintern gefriert nämlich der bei der ersten Fahrt genannte schmale Meeresarm und dann beeilen sich die Insulaner, darüber einen Weg zu bahnen, welcher mit zweispännigen Schlitten befahren, aber fast noch mehr von Fußgängern benutzt wird. Große Eisstücken werden zu beiden Seiten dieser Bahn in gewissen Entfernungen angebracht, um sie bei nicht zu hohem Schnee jeder Zeit kenntlich zu machen. Wenn dann eine ebene Schneedecke Gräben und Kanäle der Insel ausfüllt und der Frost sie mit fester Kruste überzieht, so beginnt ein munterer Verkehr zwischen der Stadt und den Bewohnern der Insel. Geschäfts- und Vergnügungsfahrten lösen sich ab und wie auf einer großen Landstraße fliegen die Gefährte mit ihrem munteren, aber etwas heiseren Geklingel aneinander vorüber.

Dies verleitet aber häufig die unbesonnene Jugend, zur Abkürzung des Weges die Eisfläche auch seitab zu durchschneiden und mancher traurige Fall ist mir bekannt, wo solches Wagnis mit dem Tode der kühnen Schlittschuhläufer endete, weil sie bei eintretender Dämmerung die Richtung verfehlten und in offene Stellen gerieten. […] Auch auf der Insel überbrückte der Schnee im Winter jede

Schwierigkeit und wurden dann auf den Bauernhöfen derselben nicht weniger muntere Gesellschaften gegeben, wie bei uns in den Städten, wenn der Schneeschaufler seine Schuldigkeit tut.

So entsinne ich mich einer Schlittenfahrt an einem heiteren Wintertage. Ein ziemlich entfernt von mir wohnender Landmann hatte mich und einige Freunde auf einen fetten Putenbraten eingeladen. Nach Landesbrauch ließ er uns abholen und zwar in einem großen zweispännigen Schlitten.

Außer dem Fuhrknecht saßen wir darin zu vieren, in Mäntel und Decken wohl eingehüllt. Mit Schellengeläut und Peitschenknallen flogen wir auf dem Binnendeiche dahin. Unserem Rosselenker liefen die munteren Pferde aber immer noch nicht schnell genug. Bot sich ihm doch selten eine so gute Gelegenheit, sein Fahrtalent in ein so helles Licht zu stellen wie heute, wo alle Leute bei dem schönen Wetter vor die Tür kamen, um uns zu sehen. Auch auf uns wirkte die rasche Fahrt in der frischen Winterluft belebend und erheiternd. – Da gab es plötzlich einen starken Ruck, und Schlitten, Pferde und Menschen kollerten den zwanzig Fuß hohen Damm hinab. Nicht einmal zum Erschrecken hatten wir Zeit; denn als wir wieder zur Besinnung kamen, fanden wir uns in weitem Umkreise weich im Schnee gebettet, ohne uns recht klar machen zu können, wie wir dahin gekommen. Keiner war verletzt, nicht einmal etwas am Geschirr zerrissen. Die herbeigeeilten Bewohner des nächsten Hauses halfen Schlitten und Pferde aufrichten und mit wenig Zeitverlust konnten wir die Fahrt wieder fortsetzen. Bald hatten wir unser Ziel erreicht.

Ein warmes Zimmer und dampfender Kaffee ließen uns den kleinen Unfall leicht vergessen. Nach einer angemessenen Pause, welche durch Besichtigung der Ställe ausgefüllt wurde, folgte der versprochene Puter mit obligaten Zutaten. Durch Wein und Punsch in heitere Stimmung versetzt, dachten wir schon daran, den Heimweg anzutreten, als man uns die Nachricht brachte, dass ein furchtbares Schneetreiben für diesen Abend die Rückfahrt unmöglich mache. Wir waren nicht die einzigen Gäste, die Hofstelle unseres Gastgebers zwar geräumig genug, aber doch mehr auf Beherbergung von vielem Vieh als von vielen Menschen eingerichtet. Nur die anwesenden Frauen konnten notdürftig in Betten untergebracht werden. Wir

Männer dagegen mussten die ganze Nacht um den Ofen hocken und uns im Kartenspiel und Punsch bei Laune zu halten suchen. Endlich wurde es Tag. Dienstmädchen im Nachtgewande erschienen mit Kehrbesen und Sand. In unserer Gegenwart ward das Zimmer bei offenen Fenstern gesäubert. Kalt und unfreundlich blickte der Morgen herein. Der Sturm hatte sich freilich gelegt, nur einzelne Schneeflocken fielen schwer herab. Übernächtigt und fröstelnd kamen allmählich die Damen zum Vorschein, mit ihnen aber, zu unserer fast noch größeren Befriedigung, heißer Kaffee. Dann ging's fort – in die Kälte hinein –, so schnell wie möglich; denn jeder sehnte sich nach Hause. Ein schneidender Nordost wehte uns entgegen. Das Thermometer zeigte 14 Grad Reaumur [15°C = 12°R., Anmerkung d. Verfassers]. Das war auch ein Wintervergnügen."

Ernst von Bertouch

Teepunsch „Wintervergnügen"

4 Flaschen Bordeaux und ½ l guter hochprozentiger Rum werden zusammen erhitzt, aber nicht gekocht. Wenn das Getränk kurz vor dem Siedepunkt ist, wird es in eine feuerfeste Bowle gegossen und auf einem Stövchen

> auf den Tisch gestellt. Nun zündet man den Inhalt an und wartet, bis die Flamme erloschen ist. Dann fügt man Zucker nach Geschmack und 1 l frisch aufgebrühten, sehr heißen und starken Tee hinzu, z. B. Ostfriesenmischung. Na denn Prost!

Nicht nur auf der Insel Nordstrand saß damals ein schreibfreudiger Zeitzeuge! Auch das alte Amt Rendsburg und der spätere Kreis Rendsburg-Eckernförde haben einige Literaten hervorgebracht, die teilweise sogar über die Landesgrenze hinaus bekannt wurden: In Hademarschen schrieb Theodor Storm (1817–1888) in seiner Altersvilla zahlreiche Novellen und schuf sein reifstes Werk, den „Schimmelreiter". Und in Haale bei Hohenwestedt erblickte der Dichter Timm Kröger (1844–1918) das Licht der Welt, der ebenfalls dem Beruf eines Juristen nachging – wie der von ihm verehrte Theodor Storm.

Von beiden Schriftstellern kann man sagen, dass sie die sie umgebende Region poetisch verschönt haben. Im Zuge der Rückbesinnung auf ländliche Volkskunde und der in den letzten Jahrzehnten einsetzenden Zerstörung von Naturraum und Landschaft lohnt es sich, auch die Novellen Timm Krögers antiquarisch zu erwerben und zu lesen.

Kröger stammt von dem noch heute bestehenden Krögerhof in Haale, den sein älterer Bruder nach dem frühen Tod des Vaters bewirtschaftete. Nach der Dorfschule besuchte der Junge die Privatschule des Theologen Theodor Speck in Hohenwestedt, um später Rechtswissenschaft zu studieren. In seinen Erinnerungen „Aus dämmernder Ferne" beschreibt er die Abende in den Weihnachtsferien auf dem heimatlichen Hof:

Es ist Adventszeit. Nachdem Kröger nach einem langen Fußmarsch durch den Schnee von Hohenwestedt aus zu Hause angekommen ist, macht es sich die Familie gemütlich, in Vorahnung des baldigen Familienfestes. – Doch von einem Adventskranz weiß auch hier noch keiner etwas:

In den Weihnachtsferien nach Haale

In den Weihnachtsferien ging es natürlich immer nach Haale, sofort nach dem Ausklingen der Abschieds- und Glückwunschrede unseres Lehrers, es kostete schon keine geringe Überwindung, bei den kurzen Tagen das Grauen des nächsten Morgens abzuwarten. Es war viel Schnee gefallen; bei dem Hofe Popenau begegnete mir der Schlitten meiner Brüder Hans und Jürgen, nicht unerwartet, denn sie hatten mir geschrieben, dass sie mich abholen wollten. Ich trat von der schmalen Schlittenbahn in den Schnee und stellte mich, wie ich es zu Hause oft getan, nach dem Bilderbuch als gestiefelter Kater in der lächerlichen Figur auf, wie er die Schnitter mit Augenauskratzen bedroht, wenn sie dem bald vorüberkommenden König und seiner Tochter nicht sagen, dass all die Felder ringsum seinem Herrn, dem Marquis von Carabus, gehören. Zu Hause hatten wir Krögersleute ein merkwürdiges Gefallen an solchen schauspielerischen Albereien. Hans und Jürgen benahmen sich so, wie ich es von ihnen erwartet hatte. Hans lachte laut. Beide erkannten sicherlich auf meines Herzens Boden den Beweggrund der vorzeitigen Reise, aber Jürgen allein deutete ihn an: „Sieh", sagte er, „unser Bruder hat nicht so lange warten können, bis wir kamen." – Das war wirklich die Hauptursache, es wirkte bei mir aber doch noch etwas anderes mit. Ich malte es mir nämlich wundervoll aus, bei der grauen, verhangenen, milden Schneeluft meinen Weg allein zu machen, mich nach Kräften satt zu sinnen und zu grübeln, zumal in dem großen fiskalischen Haaler

Gehege, das ich durchschreiten wollte, während der Fahrweg um den Wald herumführte. Das tat ich denn auch. [...]

Nach einem Meer von Träumen, von denen sich nur sagen lässt, dass sie mich mit der Natur vertraute Zwiesprache hatten halten lassen, grüßte ich die beiden Riesen vor unserer Haustür, die Ulme und die Linde, die damals noch die Pförtnerposten versahen. Als ich die Türklinke bewegte, erhob sich ein anfangs unwilliges, dann in Freudengeheul übergehendes Hundegebell, gleich darauf saß ich warm an Ofen und Herd meiner Lieben, als sei ich niemals am Ort des glänzenden Elends gewesen. Und kaum hatte ich Zeit und Worte gefunden, meine Fußwanderung aufzuklären (was nach Lage der Sache nur unvollkommen gelingen konnte), da knallte auch schon der Schlitten der Brüder und ihre Peitsche, um gleich darauf an den Stubenfenstern vorüber auf den Hof zu biegen.

Was den weichen Tag so greis und grau gemacht hatte, war natürlich Schnee; wir saßen noch bei Tisch, als Frau Holle wieder damit anfing, ihre Betten zu stäuben. Man muss das Leben zur Winterszeit auf einem in plattem Lande belegenen einsamen Bauernhof kennen, um die wunderbare Gottähnlichkeit zu würdigen, in der man sich wiegt, wenn man allda inmitten vollgepfropfter Scheunen einschneit, Kammer und Keller versehen sind, wie eine Festung, die eine Belagerung erwartete; und wenn dann auf sachten Sohlen die Nacht herangeschlichen kommt, um dem altersgreisen Jahr ein paar müde Wimpern über die matt gewordenen Augen zu ziehen. Wir Mannspersonen (wenn ich mich dazu rechne, waren es drei: Hans, Jürgen und Timm) zogen uns nach Tisch in die abseits von allem frühen Geräusch des Haushalts prächtig nach dem Geflügelhof und nach der Landstraße gelegenen kleinen Stube zurück. Und grauer und grauer sanken die Schatten des Abends, es schneite weich und sanft in geraden, vom Winde kaum gekräuselten Linien; lediglich in Schmetterlingsübermut haschten sich ab und zu saubere flockige Vögel. – Es schneite und schneite, als habe es länger als drei Wochen nichts anderes getan als geschneit und werde weiter schneien, heute, morgen, künftige Wochen, ja bis in die Ewigkeit, mindestens aber fünfhundert Jahre.

Als wir in der Haaler Stube saßen, fehlte uns kaum etwas zum Glück. Schwester Luise zündete die Lampe an und ließ die Rollläden herab, das Dienstmädchen Sophie brachte einen großen Korb mit Holz, von dem wir Scheite auf Scheite in den Ofen schoben. Wie das trockene Tannenholz prasselte! Mutter setzte sich in die Ecke und hörte an, was ihre großen Jungen sprachen. – Wir drei quietschten förmlich vor Behagen, plauderten und rauchten. Ja, auch ich bekam eine Pfeife überantwortet, sechzehn Jahr und drei Wochen zählte ich, in kurzen drei Monaten werde ich durch die feierliche Einsegnung in die große Gemeinde der „Knechte" aufgenommen, des Rauchens Lehrjahre hatte ich bereits (unerlaubterweise) vorweg genommen, es war bei mir nichts Schlimmes zu besorgen, ich war mit Portoriko geimpft, man konnte mir ruhig den Dampfstaken anvertrauen.

Unser Hof liegt ganz in Frau Holles weichen, weißen Armen ... es schneit und schneit. Wir fühlen die weltenweite Einsamkeit und unser Herz freute sich dessen.

Timm Kröger

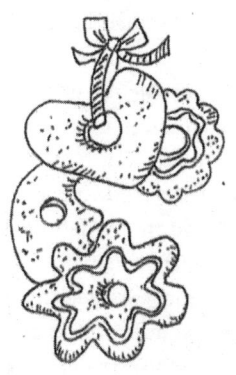

Der niederdeutsche Autor Hinrich Kruse (1916–1994) wurde in Toflund (Nordschleswig) als Sohn des Lehrers und Volkskundlers Johann Kruse geboren. Er wuchs in Breckeln bei Burg (Dithmarschen) auf und studierte dann an der Hochschule für Lehrerbildung in Kiel. Nach dem Kriegsdienst war er an verschiedenen Volksschulen im Kreis Segeberg tätig. Als die Schule in Braak aufgelöst wurde, an der er lange Zeit unterrichtet hatte, bewohnte er bis zu seinem

Tode das dortige Schulhaus. Schon zu seinen Lebzeiten erschien eine Dissertation über ihn, was einem Ritterschlag gleichkommt. Er ist außerdem der Träger mehrerer Literaturpreise. In seiner Kindheit war es um weihnachtliches Naschwerk nicht gerade gut bestellt und eine Apfelsine war schon etwas sehr Seltenes und Kostbares:

Die Apfelsine

Das war damals, als der Weihnachtsmann noch nicht mit dem Auto aus dem Holsteinischen nach Hamburg oder Kiel fuhr, dort mit einem dicken Portemonnaie in ein Kaufhaus ging und mit einem prallen Sack an bunten und teuren Sachen ins Dorf zurückkehrte. Nicht nur, dass damals das Autofahren noch eine Seltenheit war – nein, früher war der Weihnachtsmann ein viel bescheidenerer, aber lange kein geringerer Kerl.

Wenn an den langen Winterabenden unter den Strohdächern die Lampen angezündet wurden und übers verschneite Feld schienen, wenn der Wind im Schornstein heulte und der Frost an den Scheiben knackte, wenn die Äpfel im Ofen schmorten und Mutter den braunen Sirup-Kuchenteig knetete, dann war auch bei uns Jungs und Deerns die Rede vom Weihnachtsmann und Knecht Ruprecht, seinem Gesellen. Wie es das letzte Mal und in den Jahren davor gewesen und was für Aufregung es immer gegeben hatte! Mal blieb der eine von den beiden im Schnee stecken, mal war dem anderen die Nase erfroren. Dann wieder raubte ein Strauchdieb sie aus, und sie kamen mit leeren Händen, nur den Tannenbaum über der Schulter. Einmal waren die beiden schon beim Nachbarhaus angelangt, als Großvater hereinkam und meinte, dies Haus würde wohl überschlagen werden, weil keine artigen Kinder darin wohnten. Und es hatte Tränen gegeben, bis Großmutter den beiden nachging, um ein gutes Wort einzulegen. Im letzten Jahr dann war der Vater in der Dämmerung vom Feld gekommen und hatte berichtet, der Weihnachtsmann habe sich auf dem Glatteis ein Bein gebrochen, und Knecht Ruprecht hätte Mühe, ihn abzuschleppen. Diesmal müsse der Abend wohl ohne Tannenbaum gefeiert werden. Meistens war etwas passiert, und es hatte stets viele

Hindernisse gegeben. Im letzten Augenblick hieß es dann aber doch immer wieder: „Künnt de lütten Kinner ok beden?" Ja, das waren noch rechte Kerle, die beiden damals.

Auf dem Hof im Dorf waren drei Jungs und eine lütt Deern und glaubten fest an ihren Weihnachtsmann, der auch in diesem Jahr Schaukelpferd und Puppenstube, wollene Strümpfe und Handschuhe, den Tannenbaum mit dem Kindjeestüüg brachte. Vorher hatte er sich auf dem Eis der überschwemmten Wiesen natürlich fast wieder ein Bein gebrochen, bis er dann doch angehumpelt kam und anklopfte: „Seid ihr auch artig gewesen?"

An diesem Abend gab es noch eine besondere Überraschung. Eine Tante aus Hamburg war gekommen und hatte jedem etwas mitgebracht. Unter den Dingen, die sie dem Weihnachtsmann noch schnell zusteckte, war auch eine Apfelsine. Warum es nur eine war, hat sie wohl selber nicht recht gewusst. Die Kinder aber dachten nicht darüber nach. Äpfel und Nüsse gab es alle Weihnachten, aber eine Apfelsine? War das ein Staunen und Bewundern! Die Apfelsine wanderte von Hand zu Hand und dann auf das Schapp neben dem Kachelofen zu einem ausgestopften Hühnerhabicht und einem Strauß Roggenähren. „Ihr müsst sie euch teilen", hatte die Tante halb entschuldigend gemeint. Aber Großvater wusste es besser: „De sik wat wahrt, de hett wat!" Sein Wort galt, und so blieb die Apfelsine auf dem Schapp liegen und wurde aufgespart. Die Kinder freuten sich und hatten ihren Spaß daran. Immer wieder schauten sie, verlangend und verwundert und immer noch ein wenig ungläubig, nach dem goldgelben Apfel, der so anders war als alle anderen Äpfel. Und wenn die Nachbarskinder kamen – „Wat hett de Wiehnachtsmann bröcht?" – wurde die Apfelsine heruntergeholt und herumgezeigt. Großvater aber wachte darüber, dass sie immer wieder an den alten Platz kam. Immer noch galt sein Wort: aufsparen! Was wäre der kleine Bissen denn auch für alle vier gewesen? So hatten sie den ganzen Winter etwas davon – zum Anschauen. Das war ein Schatz, unantastbar und köstlich. Und sie wussten nicht einmal, wie er schmeckte.

Allmählich stieg die Sonne höher, und das Feld war wieder für Jungs und Deerns die Welt. Bei Pickpahl und Marmelspiel wurde die Apfelsine fast vergessen. Die hatte das Großreinemach längst überstanden und lag noch immer hoch und trocken auf dem Schapp bei dem ausgestopften Vogel und dem Erntestrauß. In der Nähe des heißen Ofens zuerst, allemal aber beim beißenden Tabaksqualm von Großvaters langer Pfeife. Ostern und Pfingsten kamen und der Sommer. Dann fiel Herbstregen und das erste Feuer brannte wieder im Ofen. Da sollte die Apfelsine doch dran glauben. In dem Augenblick, da sie heruntergeholt wurde, wagten die Kinder kaum ein Wort. Und dann waren sie ganz still und machten enttäuschte Gesichter. Das war keine Apfelsine mehr, hart wie eine Steinkugel war das Ding. Und als die Jungs sie mit dem Taschenmesser bearbeiteten, gab's ein bisschen gelben Staub, das war alles. Der kleinen Deern kamen die Tränen und die Jungs waren böse, dass Großvater noch lachen konnte. Sie wollten nun nicht mehr an sein Wort vom Aufsparen glauben.

Ein paar Jahre später haben sie ihm aber doch recht gegeben. Da gab es alle Weihnachten für jeden eine Apfelsine und wohl noch mehr. Und sie wurden so alltäglich wie Äpfel und Nüsse. Sie schmeckten gut, gewiss, aber lange nicht so gut wie jene erste und einzige Apfelsine vom bescheidenen Weihnachtsmann in alten Tagen.

HINRICH KRUSE

Braune Kuchen aller Orten

Backe, backe Kuchen,
der Bäcker hat gerufen,
wer will guten Kuchen backen,
der muss haben sieben Sachen;
Eier und Schmalz,
Butter und Salz,
Milch und Mehl,
Safran macht den Kuchen gehl.
Schieb, schieb in'n Ofen 'nein.

UNBEKANNTER VERFASSER

In den 1940er- und 1950er-Jahren, so berichtet im Jahre 1892 Johanna Mestorf (1828–1909) aus Bramstedt, Volkskundlerin und erste preußische Professorin in Kiel, gab es schon auf dem Lande in den größeren Kirchdörfern gewerbsmäßige Bäckereien. Doch sie stellten ihre Ware nur zu Sonn- und Feiertagen her und verkauften nur für die *Kirchleute*. Der übriggebliebene Rest wurde in der Woche von *Stutenkerlen* und *Stutenweibern* bei deren Gängen über Land veräußert. Das Gros der Bevölkerung ernährte sich ausschließlich von Schwarzbrot. Nur zu festlichen Gelegenheiten gab es Weizenbrot oder Roggenstuten, das ist Brot aus „gesichtetem" Mehl, d. h., es wurde durch ein Kopfkissen aus Leinen geschlagen, um es von allen Rückständen zu befreien. Auf jedem größeren Gehöft befand sich ein Backofen, sei es in der Küche, in die Wand gemauert, sei es – aus feuerpolizeilichen Gründen – als bienenkorbförmiges Backhaus im Garten im *Kruthof* oder *Appelhof*, in maßvoller Distanz zum strohgedeckten Wohnhaus.

Die Landarbeiter, die *Insten*, hatten in ihren kleinen Häusern keinen Backofen, geschweige auf dem Anwesen ein Backhaus. Sie durften ihren Brotbedarf aber bei dem Bauern abbacken, wenn sie dafür beim Teigkneten halfen. War das Brotbacken beendet – was bei großen Haushalten viele Stunden dauerte –, wurden Kuchen und zuletzt Kleingebäck in den Ofen geschoben.

Was in Schleswig und Holstein im vorigen Jahrhundert in der Adventszeit gebacken wurde, hat Johanna Mestorf mit wissenschaftlicher Akribie zusammengestellt: *Klöben* oder bunte *Stuten*, *Kringel*, die man teilweise vor dem Backen in kochendes Wasser warf, damit der Teig gut aufging, Braune *Plätten* und Honigkuchen, Pfeffernüsse, weiße, mit Zucker (nicht nur mit dem billigeren Rübensirup) gesüßte Kuchen, *Kindjees-* oder *Wiehnachtspoppen*, oft nur aus Brotteig hergestellt, die mit Rote-Beete- oder Kirschsaft figural bemalt wurden.

In Angeln legte man diese Figuren auf ein Backblech über die zu backenden Brote. Auch gab es *Kneppelkok* (fingerdicke, viereckige Kuchen aus Roggenmehl, Sirup und Fett, besonders in Nordschleswig). Aus der Familie des Pastors Christian Feddersen aus Wester-Schnatebüll übermittelte mir Frau Helene Feddersen (Jahrgang 1919) freundlicherweise Hausrezepte für Kneppelkuchen, die bei ihr allerdings nicht, wie bei ihrem Vorfahren Christian Feddersen, mit Backpflaumen versehen werden, sondern, so man mag, mit Rosinen. Doch in einigen Haushalten soll der Teig auch mit Backpflaumen belegt werden.

Kneppelkuchen aus Roggenmehl
1 Pfund Roggenmehl, 200 g Fett, 125 g Zucker, 125 g Sirup, etwas Anis und Zimt, ½ TL Milch zum Auflösen von ½ TL Hirschhornsalz, 1 Eigelb.

Sirup und Fett heiß werden lassen, Hirschhornsalz wird in Milch aufgelöst und mit Mehl, Zucker, Anis und Zimt vermischt und gut durchgeknetet. Den Teig einen Tag ruhen lassen. Dann ½ cm dick ausrollen und Quadrate von 5 cm schneiden. Mit zerklöppeltem Eigelb bestreichen. Bei Mittelhitze auf einem eingefetteten Blech backen.

Kneppelkuchen aus Weizenmehl
4 Pfund Mehl, 750 g Margarine, 1 Liter gute Milch oder halb Sahne, halb Milch, 500 g Zucker, 5 Eier, Kardemom, 1 Würfel Hefe (30 g), zwei Eigelb zum Bestreichen.

Die Hefe mit etwas Zucker so lange mit einem Löffel bearbeiten, bis sie flüssig wird. Zu den übrigen Zutaten geben und gut mit dem elektrischen Rührstab vermischen. Den Teig an warmem Ort unter einem sauberen Geschirrtuch 2 Stunden gehen lassen, dann auf einem bemehlten Arbeitsbrett oder zwischen zwei Schichten Haushaltsfolie partienweise auf 2 cm Dicke ausrollen, 5 x 5 cm große Quadrate ausschneiden, auf ein gut eingefettetes Blech nicht zu dicht setzen, erneut gehen lassen, dann mit zerklöppeltem Eigelb bestreichen. Im vorgeheizten Backofen bei 180°C zirka 18 Minuten backen.

Kneppelkuchen halb und halb
2 Pfund Roggenmehl, 2 Pfund Weizenmehl, 1 Pfund Fett, ½ Pfund Margarine, 1 l gute Milch, 1 Pfund Zucker, 5 Eier, Anis, 1 Würfel Hefe, ½ TL Zucker für die Hefe, 2 Eigelb zum Bestreichen.

Aus den Zutaten einen Hefeteig herstellen und gehen lassen und Quadrate von 5 x 5 cm schneiden, auf ein gefettetes Blech geben und mit zerklöppeltem Eigelb bestreichen, erneut gehen lassen und backen, wie oben.

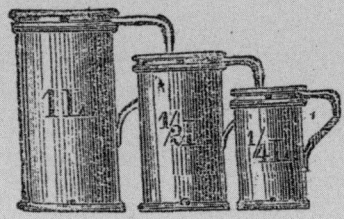

Auf den nordfriesischen kleinen Eilanden bereitete man in Form kleiner Plätzchen und Pfeffernüsse aus Eigelb, Zucker, Butter und Mehl *Halligknerken*, auf Föhr *Halligknecker* genannt. Sie werden und wurden aus dem gebacken, was Stall und Vorratskammer hergaben. Einmal im Jahr das Backgewürz Kardamom beim Kaufmann in Husum zu bestellen, war früher schon fast luxuriös.

Auf Föhr stellte man aus dem Rest des Gerstenbreies, mit dem man vor dem Backen die Schwarzbrote überstrich, auch *Klieklepper* oder *Klienöt* her. In Angeln wurde dieses Gebäck aus den Teigresten zusammengekratzt und mit Sirup und wenigen Gewürzen versetzt. Man formte daraus Rollen, die man in fingerdicke Scheiben schnitt und auf dem Schwarzbrot gar buk, besonders zur Freude der Kinder. In Holstein gab es beim Bäcker *hölten Peppernöt* aus Weizenkleie oder Roggenmehl, Sirup und etwas Fett.

Heutzutage bietet der Markt mehr als genügend Weihnachtsbackbücher an. Und die meisten enthalten schmackhafte, wohlerprobte Anleitungen. Wenn man sie genau befolgt, blamiert man sich zumeist nicht. Doch ich liebe alte, handgeschriebene Rezepte und durfte sie mir aus vielen Kochbüchern im Freundes- und Bekanntenkreis fotokopieren. Sie sind wahre volkskundliche und soziologische Quellen.

Betrachtet man die Fülle dieser handschriftlichen Zeugnisse der heimischen Backkunst, so sind es tatsächlich die braunen Kuchen, die bei uns im Lande überwiegen – süße, schwere Kekse, hergestellt aus den Produkten des Landes wie Schweineschmalz und Rübensirup. Auch die Zunft der heimatlichen Autoren beiderlei Geschlechts in unserem Land hat sich der Beschreibung dieser Kuchen und ihrer Herstellung angenommen. So erfahren wir bei Theodor Storm in seiner Novelle „Unter dem Tannenbaum", dass dieses würzige Gebäck, nach dem Rezept seiner Großmutter und somit auch seiner Mutter, groß, hart und mit leicht geschmolzenen Kandiszuckerstückchen versehen war, ähnlich den *Aachener Printen*:

Der Duft des echten Weihnachtsabends

„Aber Du," sagte der Amtsrichter, als seine Frau gelesen hatte, „Du bringst in Deinen Kleidern den ‚Duft des echten Weihnachtsabends!'"

Sie langte lächelnd in den Schlitz ihres Kleides und legte ein großes Stück braunen Weihnachtskuchen vor ihm auf den Tisch. „Sie sind soeben vom Bäcker gekommen", sagte sie, „prob nur; Deine Mutter backt sie Dir nicht besser!"

Er brach einen Brocken ab und prüfte ihn genau; aber er fand alles, was ihn als Knaben daran entzückt hatte; die Masse war glashart, die eingerollten Stückchen Zucker wohl zergangen und kandiert.

THEODOR STORM

Ein Originalrezept aus dem Hause Storm soll sich über ein Dienstmädchen der Familie Storm bis hin zu einem Bäckermeister in Quickborn erhalten haben:

> **Braune Kuchen „Theodor Storm"**
> Man erhitzt 3½ Pfund dunklen Kuchensirup und löst unter Rühren darin 1 Pfund Teezucker auf. Dann gibt man 1 Pfund Butter hinzu, die man in der heißen Sirup-Zuckermasse auflöst. Man nimmt den Topf vom Feuer und lässt den Inhalt ein wenig abkühlen. Man vermischt in einer gesonderten großen Schüssel 2 Pfund Weizenmehl mit 12 g Nelkenpulver, 16 g gemahlenem Zimt und 6 g gemahlenem Kardamom. Nun gibt man portionsweise das gemischte und ungemischte Mehl in die Sirup-Zucker-Butter-Masse. Dazu kommen ½ Pfund süße Mandelblättchen, 3/8 Pfund sehr fein geschnittene Sukkade, 1/8 Pfund sehr fein geschnittene Pomeranzenschale, das Abgeriebene von 2 großen unbehandelten Zitronen, jeweils 10 g in 100 ccm warmem Wasser aufgelöste Pottasche und Hirschhornsalz. Den Teig portionsweise ausrollen und in rechteckige Stücke schneiden und auf dem eingefetteten Blech abbacken.

Man könnte den Dichter und Juristen Theodor Storm als „literarischen Weihnachtsmann" bezeichnen. Die Schilderung der von ihm erlebten Weihnachtsfeste – sei es als Kind im Elternhaus, sei es als Student in Kiel, als junger Ehemann in Husum und später in der Fremde in Potsdam und Heiligenstadt, dann, nach seiner Rückkehr in die Heimatstadt, wieder in Husum und zuletzt in seinem Altersdomizil Hademarschen – ist schier unerschöpflich und variationsreich. Eine Fülle von Briefen an Freunde und Verwandte legt neben seinen Novellen „Marthe und ihre Uhr" und „Unter dem Tannenbaum" davon Zeugnis ab.

Doch auch seine zweitjüngste Tochter Gertrud (1865–1936), die in mehreren Bänden viele seiner Briefe herausgab und Erinnerungen an den Vater schrieb, ist eine lebendige Zeitzeugin. Anschaulich schildert sie das Weihnachtskuchenbacken in der Husumer Wasserreihe Nr. 31, dem heutigen Storm-Museum, in dem sie mit den Geschwistern lebte, nachdem ihr verwitweter Vater Dorothea Jensen (genannt

Doris, 1828–1903) geheiratet hatte, die dem großen Haushalt mit Tüchtigkeit und Fleiß vorstand:

Weihnachtsbäckerei in der Wasserreihe

In der Essstube ist großes Kuchenbacken und die Mädchen stehen mit aufgekrempelten Ärmeln. Sie rollen weißen und braunen Kuchenteig aus, der in großen Steintöpfen um den Ofen herum steht. Große schwarze Platten stehen bereit, die verschieden geformten Kuchen aufzunehmen, die dann von den Mädchen zum Bäcker getragen werden. Auch wir Kinder haben unseren Teil bekommen. Wir stehen an unserem kleinen Kindertisch, ein weißes Nachthemd über unsere Kleider, ein gezipfeltes Taschentuch auf dem Kopfe. Jedes von uns hat ein Klümpchen weißen und braunen Kuchenteig vor sich, der bald unter unseren geschäftigen kleinen Händen in die wunderbarsten Dinge gewandelt wird. Die Tür öffnet sich und unser Vater tritt mit dem freundlichsten Leuchten seiner blauen Augen ins Zimmer. „Ihr seid ja alle gewaltig in der Fahrt", neckt er und bewundert unsere herrlichen Schöpfungen, von denen man meistens nicht zu erkennen vermag, was sie vorstellen sollen. Es beginnt nun ein heimliches Geflüster zwischen Vater und uns, und es gelingt uns, Vater einige kleine Weihnachtsüberraschungen verraten zu lassen, die unsere Freude am Weihnachtsabend keineswegs verringert.

GERTRUD STORM

Auch Dorothea Storm wird jeweils von der fröhlichen Weihnachtsvorfreude angesteckt und schreibt ihrem Stiefsohn Ernst (1851–1913), der auswärts Jura studiert, am 16. Dezember 1870 einen vergnügten Brief nach Tübingen. Hierin ist mit „Dodo" die jüngste Tochter Friederike (1868–1930) gemeint.

Weihnachtsstimmung im Storm-Haus

Das Kuchenbacken war prächtig, die dicke Dodo dabei [mit] aufgekrempelter Jacke und mit allen Fingern in dem Teig gewühlt, dabei machte sie immer eine kleine dicke Pommelwurst; – Morgens singen die Gören mit mächtiger Stimme „O du selige o du fröhliche", u Dodo steigt mit „g[n]adenbringende Weihnachtszeit" in die höchsten Töne hinauf. So haben wir es dann bald mein guter Ernst, Dein kleines Kistel ist gepackt, u ich bedaure nur, dass es nicht mehr enthält, an Kuchen haben wir hineingepackt, was anging, sind sie weich, lege sie auf einen heißen Ofen, wenn sie durch heiß sind, nimm sie ab u lass sie wo möglich in einem Blechkasten wieder kalt werden, sie sind so gut geraten.

DOROTHEA STORM

Wie jede heimatverbundene Dichterin hat auch Helene Voigt-Diederichs die Erinnerung an ihre Kindertage bewahrt. Mit sieben Geschwistern wuchs sie in „Marienhoff" auf, einem schleswig-holsteinischen Gutshof nahe der Schleimündung. Ihr gleichnamiges Buch war dem liebevollen Andenken an ihre Mutter Marie Voigt gewidmet, die ohne den früh verlorenen Mann ihre Kinder aufzog und dabei den ganzen landwirtschaftlichen Betrieb meisterte.

Bekannt geworden ist Helene Voigt-Diederichs (1875–1961), die mit Heinrich Vogeler, Ernst Kreidorf und dem jungen Hermann Hesse befreundet war, durch schleswig-holsteinische Geschichten und durch den Gedichtband „Unterstrom" (1902), der in Text und Bild ihre Heimat besang. 1898 hat sie den Verleger Eugen Diederichs geheiratet, mit dem sie vier Kinder bekam. Nach dem Scheitern der Ehe zog sie von Jena nach Weimar, dann für 20 Jahre nach Braunschweig, begleitet von ihren Söhnen Niels und Peter (die später den Verlag leiteten). Noch vor dem Tode ihres Verleger-Ehemannes kam sie Ende der 1920er-Jahre nach Jena zurück und lebte dort im Familienkreis bis an ihr Lebensende.

Kuchenbacken in der Gutsküche

Um die Mitte des Weihnachtsmonats ging es ans Kuchenbacken. Abends wurde der Teig angerührt, nach geheimnisvoller Vorschrift, wobei alles nach Lot und Unzen ging und ein wenig auch nach Gutdünken. Über Nacht stand er, mit weißen Tüchern bedeckt, am Stubenofen und verbreitete einen aufregenden Duft von Pottasche, Kardamom und Rosenwasser. Wenn dann am anderen Tage die vielen Schwarzbrote aus dem Ofen heraus waren, wurden die Platten voll von „Leutebraunen" hineingeschoben, längliche Vierecke, mit dem Rädchen aus dünnem Teig geschnitten. Später folgten die braunen Kuchen für drinnen, die aus dem gleichen, nur ein wenig stärker gewürzten Teig bestanden und mit etwas mehr Mühe und Zierlichkeit rundgestochen wurden. Schließlich gab es noch die weißen Kuchen aus Mehl, Rahm und Rosenwasser, die leicht verbrannten, da sie bei schneller Hitze gebacken wurden. Die Kinder durften beim

Überpinseln helfen oder den Teig mit Sukkade und halben Mandeln bedrücken.

HELENE VOIGT-DIEDERICHS

Der in Kiel geborene Jurist Geert Seelig (1864–1934), Spielkamerad der Söhne des Dichters Klaus Groth (1819–1899), beschreibt in seinen Erinnerungen „Eine deutsche Jugend" das Kuchenbacken in seinem Elternhaus am Schwanenweg in Kiel. Hier ging es recht großbürgerlich zu, auch in Sachen Essen und Trinken, denn sein Vater hatte an der Universität einen Lehrstuhl für Volkswirtschaft inne und seine Mutter brachte aus ihrer durch eine Witwenschaft früh beendeten ersten Ehe ein beträchtliches Vermögen mit:

Backen am Kieler Schwanenweg

Ein gewisser mystischer Schimmer umkleidete noch die Herstellung des Weihnachtsgebäcks, der sogenannten braunen Kuchen. Sie wurden aus Weizenmehl und Sirup und einer Menge verwickelt zusammengesetzter Zutaten hergestellt, für die jede Familie ein als Geheimnis gehütetes uraltes Rezept besaß. In jedem Hause schmeckten die Kuchen auf alle Fälle anders und man sagte den Hausfrauen nach, dass sie, wenn sie Freundinnen, die allzu sehr die Güte ihrer braunen Kuchen bewunderten, zwar das gehütete Rezept gaben, den allerletzten und feinsten Kunstgriff aber selbst den Vertrautesten nicht verrieten. Meine Mutter rührte den Teig – unweigerlich 14 Pfund braune und 7 Pfund der verwandten „weißen" Kuchen – drei Wochen vor dem Backen an. Er musste dann in einer hölzernen Backmulde mit einem geheimnisvollen weißen Tuch bedeckt die ganze Zeit unter dem Sofa der Wohnstube stehen, um zu „gehen".

An einem Tage wurde dann rechtzeitig gegessen und der große Esstisch zum „Ausrollen" hergerichtet. Für mich begann auch diese Zeremonie wieder mit Händewaschen und Schürze-Umbinden. Dann ging das Herrichten der runden und rechteckigen Kuchen an, das Belegen mit Mandeln – bei den weißen Kuchen auch mit Sukkade – und das Verteilen auf die großen Backbleche. Von den Kindern bekam jedes einen Teil Kuchenteig zur eigenen Verwendung zugewiesen. Phantasielose Gemüter formten einfach Beefsteaks daraus, abgesehen von noch gröberen, die den Teig gleich roh fraßen, andere machten aber die prachtvollsten Figuren und Gestalten, die nachher im Herd gebacken wurden.

GEERT SEELIG

In allen Regionen Schleswig-Holsteins kann man noch alten Backtraditionen zur Weihnachtszeit nachspüren. Sehr ergiebig ist hierbei der Kreis Rendsburg-Eckernförde. Er ist eine nahrhafte Zone, die sich schräg durch unser schmales Land zwischen den Meeren zieht: von der Ostsee oberhalb von Eckernförde bis hin zur Grenze zwischen Dithmarschen und dem Kreis Steinburg, wo der Nord-Ost-Kanal ein kleines Stück den Gebietsverlauf bestimmt. Das jetzige Terrain setzt sich aus den ehemaligen Kreisen Eckernförde, Rendsburg und Bordesholm zusammen und war früher aufgeteilt in zahlreiche Ämter. Die Geschichte ist hier sehr vielfältig und die Kost bodenständig. Zeugen alter Küchenkultur sind in den Museen in Rendsburg, Hohenwestedt, Aukrug-Bünzen und vor allem im Freilichtmuseum Molfsee bei Kiel zu finden. Doch auch in den Dörfern erinnert noch manche Strohdach-Kate, manches geteilte Scheunentor, manches gesprosste Stallfenster an die einstigen Rauchhäuser, in denen unter der Decke nach der vorweihnachtlichen Schlachtzeit Mettwürste und Schinken reiften, wo auf den Borten in flachen Satten sich goldgelbe Sahne auf der frisch gemolkenen Milch absetzte, wo Kraut, Gurken und Kürbis, aber auch Fleischstücke von Selbstgeschlachtetem sauer eingelegt in bauchigen großen und kleinen Tontöpfen auf den winterlichen Verzehr warteten, wo selbstgebackene längliche Brotlaibe auf gesonderten Wandbrettern die Ration für die nächsten zwei Wochen bestimmten und wo in den Dezemberwochen blank gescheuerte Milchkannen und mit Leinentüchern ausgelegte, handgeflochtene Waschkörbe randvoll mit braunen Kuchen, Plättchen, Tüten und Kringeln gefüllt wurden.

Küchentechnik und Küchenkunst ist auch Volkskunde. Generationen von Frauen und Mädchen sind an rußigen Töpfen neben räuchernden Flammen und in zugigen Dielen verblüht. Letzte museale Relikte und handgeschriebene Kochbücher sowie heimatkundliche Feststellungen in alten Chroniken oder Reisebeschreibungen künden davon. Die lebenden Zeugen sind fast alle verschwunden und nur die Dichter, die man zu Unrecht und mit einem negativen Unterton als „Heimatdichter" abklassifiziert, erzählen von den alten Küchen, lassen den Duft des Torffeuers oder des frisch geschlagenen Buschholzes schnuppern, lassen uns teilhaben an der Mühsal und dem Risiko des

Kochens und Bratens mit offenem Brennmaterial, lassen uns den Geschmack der Grützen, Suppen, Kekse, Mehlspeisen und Braten nachempfinden und vermitteln etwas von der „guten alten Zeit", die so gut wohl nicht gewesen ist.

Zu rasch vergisst man heute, wie es einst zuging in den ländlichen großen Küchen beim Einmachen und Backen, auf den Höfen beim Schlachten und in den Wirtschaftsgärten beim Ernten. Und die Jüngeren haben wohl auch keine Großeltern mehr, bei denen noch Waffeln im speckbestrichenen Eisen auf dem altertümlichen Herd mit den unterschiedlichen Ringen auf dem Feuerloch gebacken wurden, bei denen noch im riesigen Wandbackofen die großen Brote, Zwiebacke und dann die Kuchen und Kekse hergestellt wurden.

Ich durfte Einblick nehmen in alte Kochbücher aus dem Kreisgebiet, habe in den Chroniken und Erzählungen aus der Region geblättert, mich in den alten Küchen der Museen umgeschaut, um noch ein wenig zu retten von dem, was die Basis einer Bevölkerung mit ausmacht: die Tradition, die Bodenständigkeit, die Geborgenheit, die das Gewesene verströmt, der Duft, der aus alten Speisekammern und Vorratskellern, aus Schränken und Kommoden zu uns herüberkommt. Viele werden dadurch wieder zu Kindern in einer fast vergessenen Zeit, in der es so gemütlich nach getrockneten Apfelringen, Zitronenschalen, saurer Milch, Quittenkompott und gebranntem Gerstenkaffee roch. Insbesondere die Weihnachtsrezepte haben es mir angetan, weil sie Gemütlichkeit verströmen, die wir bei ihrem Nachbacken zurückkoppeln können.

In einem Dorf im Kreis Rendsburg gestattete man mir, in ein handgeschriebenes Kochbuch zu sehen und den Inhalt wiederzugeben. Und beim Lesen und Nachbacken, insbesondere in der Adventszeit, öffneten sich mir die duftenden Küchen meiner eigenen Kindheit bei meinen Tanten und bei meiner Großmutter auf dem Lande. Und ich spürte wieder den anheimelnden Geruch von Sirup, Schmalz, Mandelöl, Zimt, Anis, Koriander, Kardamom, Nelkenpfeffer, Muskatnuss, Vanille und Schokoladenglasur, den herrlichen Duft nach Frischgebackenem aus der Tortenform, vom schwarzen Backblech oder aus dem mit Speckschwarte ausgestrichenem Waffeleisen. Und mir war wie dem Juristen und Schriftsteller Timm Kröger, der erklärte: „Ich weiß es nicht, genau kann ich nicht einmal angeben, weshalb ich Waffelkuchen rieche, wenn man von Heimat spricht!"

Dörfliche Backgenüsse

Dicker Pfefferkuchen

ZUTATEN: 4½ PFUND MEHL, 3 PFUND HONIG, 1 PFUND ZUCKER, 8 EIGELB, 17 G NELKEN, 17 G ZIMT, ¼ PFUND BITTERE MANDELN, ¼ PFUND ZITRONAT, ½ TASSE ROSENWASSER, 33 G POTTASCHE IN ¼ TASSE RUM AUFGELÖST.

Zubereitung: Honig und Zucker aufkochen und ausgekühlt unter das Mehl und alle anderen Zutaten geben. Diese Portion ergibt zwei Bleche voll. Der Teig muss gleich darauf gelegt werden, gleichmäßig dick und zugedeckt 2 Tage an einem warmen Ort stehen, bis er gebacken wird. Am besten mit Brot zusammen.

Schokoladen-Pfefferkuchen

3 GANZE EIER WERDEN MIT ½ PFUND ZUCKER SCHAUMIG GERÜHRT, DAZU ¾ PFUND HONIG, ¾ PFUND GUTE GERIEBENE SCHOKOLADE, 2 G FEIN GEWIEGTE NELKEN, 4 G ZIMT, 1 PÄCKCHEN VANILLIN, 1½ PFUND MEHL UND ZULETZT 5 G HIRSCHHORNSALZ GANZ FEIN GESIEBT DAZU. PUDERZUCKER UND EINIGE TROPFEN ROSENWASSER FÜR DEN GUSS NACH DEM BACKEN.

Alle Zutaten tüchtig durchkneten und ausrollen. In rechteckige Stücke schneiden und in mäßiger Hitze backen und dann noch warm einen Guss von feinem Zucker, lauwarmem Wasser und Rosenwasser übergießen.

Pfeffernüsse

ZUTATEN: 1 PFUND HONIG, 1 PFUND MEHL, ¼ PFUND ZUCKER, 100 G GEREINIGTE MANDELN, 2 EL BUTTER, 2 TL BACKPULVER, 1 TL ZIMT, ½ TL NELKEN, ABGERIEBENE SCHALE VON ½ UNBEHANDELTEN ZITRONE.

Zubereitung: Der Honig und die Butter werden flüssig gemacht, dann tut man den Zucker in den Honig hinein. Das Mehl in eine Schüssel geben, mit dem Backpulver vermischen. Honig und die Butter hinzufügen. Dann gibt man die abgeriebene Zitronenschale, die Gewürze, die abgezogenen und fein gewiegten Mandeln hinzu. Alles wird zu einem festen Teig geknetet. Nun formt man kleine Kügelchen, drückt sie ein wenig flach und legt sie auf ein eingefettetes Blech.
Bei mäßiger Hitze backen.

Schokoladen-Konfekt

ZUTATEN: 1 PFUND GERIEBENE BITTERE SCHOKOLADE, 5 TASSEN ZUCKER, VANILLIN, 4 TASSEN GERIEBENE NÜSSE, 2 TASSEN GEWÜRFELTE SUKKADE, 4 GANZE EIER, 1 GLAS RUM ODER ARRAK, 1 PFUND ZERLASSENE BUTTER.

Zubereitung: Schokolade, Zucker und Butter auflösen, dann die Eier und alles andere hinzurühren. In eine Form streichen oder als Brot aufs Holzbrett und nach längerer Zeit beliebig schneiden.
Bei mäßiger Hitze backen.

Schleswig-Holstein besitzt eine stattliche Anzahl von Herrenhäusern, die teilweise noch aus dem Barock oder einer noch früheren Epoche stammen. Hier wurde natürlich insbesondere in der Vorweihnachtszeit in großem Stil gebacken. Denn nicht nur für die zahlreichen Mitglieder der Großfamilie produzierte man die süßen Köstlichkeiten. Sondern auch die Angestellten des großen ländliche Anwesens wie Zimmermädchen, Köchin, Waschfrau, Gouvernante, Hauslehrer, Knecht, Magd, Kutscher oder Hütejunge erhielten neben einem praktischen Geschenk wie Stiefel, Mützen, Wolle zum Stricken, Stoff zum Nähen oder Leinen zum Spinnen auch eine gehörige Portion Weihnachtskuchen. Denn nicht jeder Haushalt der Gutsbediensteten verfügte über einen eigenen Backofen, schon aus feuerpolizeilichen Gründen nicht, weil die meisten Katen mit Reet gedeckt waren.

Bei der Durchsicht von alten Gutsrezeptbüchern habe ich festgestellt, dass man bei den Zutaten unterschied, ob das Gebäck für die eigenen Familie oder die Angestellten bestimmt war.

Dank des Entgegenkommens von Frau Priörin Henny von Schiller, Johanniskloster auf dem Holm vor Schleswig, durfte ich das handgeschriebene Kochbuch ihrer Großmutter Nora Gräfin von Baudissin-Zinzendorf-Pottendorf (geb. von Buchwaldt aus dem Hause Neudorf, 1871–1958) einsehen. Die Gräfin war früh verwitwet. Sie bewirtschaftete jahrzehntelang eigenständig das Gut Rantzau zwischen Plön und Lütjenburg. Ihr Kochbuch erweist sich als Fundgrube ihres Wirkens. Sie hat nicht nur in ihrer ordentlichen und energischen Sütterlinschrift zahlreiche Rezepte in dem dicken Heft notiert, sondern ebenfalls auf der Rückseite von Milch- und Käsezetteln, Zeitungsabschnitten und Briefkuverts. Dadurch erhält man auch Einblick in das Wirtschaftsleben eines derartigen Anwesens.

Aus dem Kochbuch der Gräfin Baudissin

Waschkorbgebäck „Gräfin Nora"

ZUTATEN: 100 G BUTTER, 2 EIER, ½ PFUND ZUCKER, VANILLE, ⅛ L SÜSSER RAHM, 1½ PFUND MEHL, 1 TL HIRSCHHORNSALZ, ZUM BESTREICHEN 1 EI, ZUM BESTREUEN BUNTER ZUCKER.

Zubereitung: Man bereitet einen Rührteig, den man zuletzt kneten muss, sticht Figuren daraus, bestreicht diese mit Ei und bestreut mit buntem Zucker und backt sie bei guter Hitze.

Dicker Honigkuchen nach Gutsfrauenart (besonders gut)

ZUTATEN: 1½ KG HONIG, 750 G ZUCKER, 1½ KG MEHL, 6 EIER, 375 G MANDELN, 250 G ORANGEAT, 250 G ZITRONAT, ½ TL KARDAMOM, ½ TL ZIMTBLÜTE, 250 G KORINTHEN, 2 ZITRONENSCHALEN, 12 G POTTASCHE, 2 EL ROSENWASSER.

Zubereitung: Honig und Zucker kocht man auf, verknetet die Masse mit dem Mehl und lässt den Teig erkalten. Dann gibt man die verquirlten Eier, die gewiegten Mandeln, die Gewürze, die Korinthen, das in Würfel geschnittene Orangeat und Zitronat hinzu u. knetet den Teig mit der in Rosenwasser aufgelösten Pottasche ½ Std. Den Teig rollt man 2–3 cm dick auf einem gefetteten Blech aus, bestreicht ihn mit Wasser u. backt ihn bei Mittelhitze goldbraun. Nach dem Erkalten schneidet man ihn in Stücke u. nimmt ihn vom Blech.

Der dicke Honigkuchen hält sich in Blechdosen aufbewahrt bis zum Sommer frisch und wohlschmeckend.

Einfacher dicker Honigkuchen „Gutshof"

ZUTATEN: 1 PFD. HONIG, 1 PFD. MEHL, ZITRONENSCHALE, 2 EIGELB, KANEHL (ZIMT), NELKEN, 10 G HIRSCHHORNSALZ, 10 G POTTASCHE.

Zubereitung: Honig aufkochen, mit Mehl und Gewürzen vermischen, Teig einen Tag stehen lassen. Dann Eigelb und Hirschhornsalz und die in Milch aufgelöste Pottasche hinzugeben. Mit Schokoladenguss überziehen.

Braune Kuchen „In rauen Mengen"
ZUTATEN: 16 PFUND KUCHENSIRUP, 4 PFUND HUTZUCKER, 2 PFUND GÄNSESCHMALZ, 1 FLASCHE ROSENWASSER ZUSAMMEN AUFKOCHEN LASSEN. DANN 20 PFUND MEHL, 4 PFUND GEHACKTE MANDELN, DIE SCHALE VON 12 ZITRONEN, ½ SUKKADE, 4 LOT NELKEN, 4 LOT NELKENPFEFFER UND ¾ PFUND GEREINIGTE, IN HEISSEM WASSER AUFGELÖSTE POTTASCHE.
Zubereitung: Vor dem Ausrollen nochmals mit 4 Pfund geriebenem Hutzucker und 4 Pfund Mehl durchkneten.

Weiße Kuchen „Herrenhaus Rantzau"
ZUTATEN: 2 PFUND MEHL, 1½ PFUND ZUCKER, ½ PFUND BUTTER, 4 EIER, ETWAS KARDAMOM, 1 ZITRONE U. ½ PFUND GEMAHLENE MANDELN.
Zubereitung: Die Eier werden mit dem Zucker tüchtig verrührt, die geschmolzene Butter, Gewürz, Mandeln u. Mehl durchgerührt u. zuletzt ein Stck. Hirschhornsalz wie eine Walnuss groß (für 5 Pfennige vielleicht). Letzteres wird in einem Likörglas Rosenwasser aufgelöst. Abends angerührt u. am anderen Morgen dick ausrollen und nach dem Feinbrot backen. Ungefähr 10 Minuten backen, wenn die Ränder hellbraun, sind die Kuchen gut.

Auch ich durfte in meiner Schulzeit viele Tage lang auf einem Gut zu Besuch sein und bei der Weihnachtsbäckerei helfen. Die vorweihnachtliche Plätzchenherstellung war für mich jedes Jahr der Gipfel der Seligkeit!

Vorweihnachtszeit auf einem Gutshof

In meiner Jungmädchenzeit war ich häufig Gast auf einem kleinen Gut inmitten der holsteinischen Geest. Das große Wohnhaus mit seinem behaglichen Walmdach wurde nach dem Ersten Weltkrieg erbaut. Es nahm alle Besucher freundlich und herzlich auf und vermittelte jedem Gast das Gefühl, immer, aber auch immer, willkommen zu sein! Vor der altertümlichen Eingangstür mit den grünen Glasfenstern befand sich ein kleines, halbkreisförmiges Eisengebilde mit einer kräftigen Querstange, der Fußabkratzer für all die erdigen Leder- und Gummistiefel, die tagsüber hier Einlass begehrten. Neben der Tür hing eine wohltönende Glocke, die Feierabendglocke, die abends immer dann geläutet wurde, wenn die Tagelöhner sich ihr wohlverdientes Salär abholten – durch ein offenes Fenster gereicht. Betrat man die kleine Diele im Erdgeschoss, so grüßten den Gast von der Decke freundlich zahlreiche Erntekronen, liebevoll aus Hafer, Weizen, Gerste und Roggen zusammengebunden. Hauptraum des unteren Stockwerkes mit seinen vier Wohnzimmern und dem Büro des Hausherrn war die riesige Küche, so eine richtige Wirtschaftsküche, in der man mühelos sowohl ein Schwein hätte schlachten können wie Unmengen von Brote backen und zahlreiche Gläser, Krucken und Töpfe mit Eingemachtem und Eingekochtem hätte herstellen können und in der immer noch genug Platz blieb, „den Leuten" das Abendbrot zu servieren.

Über eine breite dunkle Holztreppe mit dickem, handgearbeitetem Geländer kam man in den oberen Stock, wo sich in der Mitte eine dämmerige, riesige Diele befand, auf der man unschwer den Tisch für 25 Personen hätte decken können. Von dieser Diele – die seinerzeit mit mächtigen altertümlichen Schränken bestückt war, die den etwas düsteren Eindruck noch verstärkten und die nur wenig durch eine in einem Hirschgeweih montierte Lampe erhellt wurden – führten acht Räume ab, die überwiegend als Schlaf- und Kinderzimmer dienten. Über eine steile Bodentreppe ging es dann zu den zahlreichen Gäste- und Personalräumen des Hauses. Von dort schaute der Gast durch große Gaubenfenster über die gesamte Hofanlage und die weite Geestlandschaft mit ihren flachen Feldern, Wiesen und den wie hingestreut wirkenden zahlreichen kleinen Wäldchen. In diesem so überaus gastfreien Haus, in dem ein herzlicher, protestantischer Ton herrschte, der nicht verleugnet werden wollte und konnte, da eine Reihe von Vorfahren mecklenburgische evangelische Prediger gewesen waren, war ich oft auf Wochen eingeladen, beinahe schon „Haustochter". Hier lernte ich als Obersekundanerin – von zu Hause aus sehr emanzipiert erzogen – kochen, Strümpfe stopfen (und was für Löcher!) und vor allem backen. Denn man brauchte Unmengen von Kuchen für den zahlreichen, nie versiegenden Kaffee-Besucherstrom. Waren es im Sommer Obst- und Quarkkuchen gewesen, so turnte man, wenn es auf die Adventszeit zuging, förmlich auf riesigen Teigklößen für Holsteiner dunkle und helle Plätzchen herum (eine elektrische Küchenmaschine zum Kneten und Rühren war noch unbekannt), rollte stundenlang den Teig hauchdünn aus, um später mit alten Blechformen, die noch vom Anfang des Jahrhunderts stammten, vorsichtig Sonne, Mond, Sterne, Hasen, Tannenbäume, Herzen und Vögel auszustechen. An den Kohlenherd ließ die Hausfrau dann jedoch niemanden heran. Das besorgte sie selber, damit die Köstlichkeiten nicht verbrannten. Die großen, schwarzen Backbleche wurden gründlich mit Speckschwarte eingerieben und kurz darauf durchzog ein lieblicher Duft nach Gewürzen und Mandeln das gesamte Haus und breitete sich durch die Eingangstür entweichend auch im Garten aus. Jeder Neuankömmling, der die Treppe heraufkam, zog genießerisch diesen Wohlgeruch ein und fragte: "Ah, Weihnachtsbäckerei! Sind denn vielleicht die ersten Plätzchen schon fertig?" Es war dann Verpflichtung des Hauses, so viele helle und dunkle Kuchen zu backen, dass nach einem Wochenende zwei weiße emaillierte große Wassereimer, die nur diesem Zweck dienten, randvoll damit gefüllt waren. Und jedes Jahr versicherte die Gastgeberin spätestens am dritten Advent, man habe noch einen dritten Eimer voll abbacken müssen, weil der Vorrat für die eigentlichen Weihnachtstage sonst gar nicht gereicht hätte. Auch sei es noch nötig gewesen, "ein paar Bleche" voll dicken, dunklen Honigkuchens zu fabrizieren, dessen weiß glänzender Zuckerguss einem schmerzhaft in Windeseile verriet, wo man in den Zähnen ein noch nicht erkanntes Loch hatte.

Im dem mit alten Mahagoni- und Nussbaummöbeln bestückten Wohnzimmer hing ein handgebundener, mächtiger Adventskranz von der Decke – mit dicken roten Stumpenkerzen, rotem Schleifenband und unzähligen plastischen „Fröbel"-Sternen. Sie wurden in diesem Hause konsequent nur aus weißem Schreibpapier hergestellt, weil sich dieses – nach Meinung aller Hausbewohner – am wirksamsten von dem dunklen Tannengrün abhob und an den Schnee draußen im Wald erinnerte. Auch wurden die Sterne mit einem schwarzen Faden zum Aufhängen versehen, denn ein weißer wäre sehr unschön sichtbar gewesen.

Die festliche, geheimnisvolle und unendlich gemütliche Atmosphäre zur Adventzeit in dem alten Gutshaus vor über 50 Jahren ist mir bis heute unvergesslich! Sie vermittelte Wärme und Geborgenheit.

Fiel in den Vorweihnachtstagen gar noch Schnee, was bei dem gemäßigten Seeklima in Holstein nicht in jedem Jahr in ausreichender Menge geschah, so waren es die schönsten Stunden, über die hoch verschneiten Äcker zu den verschwiegenen Futterstellen im Wald zu stapfen, einen Schlitten, beladen mit Säcken voll Wildfutter hinter sich herziehend.

Wenn heute in der Adventzeit die untergehende Sonne den Winterhimmel tiefrot färbt, dann denke ich immer wieder an die winterlichen Tage in meiner Jungmädchenzeit auf diesem kleinen Gut inmitten der holsteinischen Geest.

Weiße Pfeffernüsse nach „Großmutting"

ZUTATEN: 7 PFUND ZUCKER, 8 PFUND MEHL, 24 GANZE EIER, 1½ PFUND MARGARINE, ½ PFUND GERIEBENE MANDELN ODER MEHR, MÖGLICHST VIEL, 1 PRISE BACKPULVER.

Zubereitung: Das Mehl in einer großen Schüssel mit den Zutaten vermischen und gründlich durchkneten. Etwas Mehl muss allerdings zum Ausrollen zurückbehalten werden. Der Teig wird dann portionsweise auf einer bemehlten Unterlage dünn ausgerollt und beliebig mit Ausstechformen ausgestochen. Man backt die Kuchen auf einem Backblech, das mit Speckschwarte oder Margarine eingefettet wurde, bis sie hellbraun sind. Sodann werden sie mit einem breiten Messer rasch vom Blech gelöst. Die Teigmenge ergibt 14 Backbleche voll Figuren.

Braune Pfeffernüsse „Tannengeflüster"

1 PFUND SIRUP, KNAPP 2 PFUND MEHL, KNAPP 3 PFUND ZUCKER, ¼ PFUND BUTTER, 20 G POTTASCHE.

Braune Pfeffernüsse „Pfarrhausstütze"

ZUTATEN: 10 PFUND MEHL (2 PFUND ZUM AUSROLLEN ZURÜCKLASSEN!), 1½ PFUND ZUCKER, 1 PFUND MARGARINE, 20 G GESTOSSENEN KANEHL, 20 G GESTOSSENEN NELKENPFEFFER, 6 PFUND KUCHENSIRUP GUTER QUALITÄT, 100 G POTTASCHE, DIE IN ETWAS KALTEM WASSER AUFGELÖST WURDE.

Zubereitung: Das Mehl wird in eine große Schüssel gegeben und in die Mitte eine Vertiefung hineingedrückt. Dahinein kommt der Zucker, die Gewürze und der erhitzte und wieder abgekühlte Sirup, in dem die Butter aufgelöst wurde und in dem nach dem Abkühlen die aufgelöste Pottasche gegeben wurde. Der Teig wird gut durchgeknetet und auf einer bemehlten Unterlage portionsweise dünn ausgerollt und ausgestochen.

Die Menge ergibt 16 Backbleche. Das Abbacken geschieht wie bei den weißen Pfefferkuchen.

Honigkuchen vom Blech „Eiserne Reserve"

ZUTATEN: 2 PFUND MEHL, 2 BACKPULVER, 2 TASSEN MILCH, 1 PFUND SIRUP ODER BIENENHONIG, ½ PFUND ZUCKER, ¼ PFUND SCHMALZ, GEMAHLENE NELKEN UND ZIMT NACH GESCHMACK (NICHT ZU VIEL!). FÜR DEN GUSS: 2 EIWEISS, 6 EL PUDERZUCKER, 1 FLÄSCHCHEN ZITRONENÖL ODER ETWAS ZITRONENSAFT.

Zubereitung: Den Sirup kocht man auf. Nimmt man Honig, erhitzt man ihn nicht ganz so stark. Man gibt das Fett hinzu und lässt alles abkühlen, nachdem man die Masse in eine große Rührschüssel gegeben hat. Dann fügt man die restlichen Zutaten hinzu und rührt kräftig. Auf einem gefetteten Backblech wird der Teig bei Mittelhitze etwa 45 Minuten lang bei 175°C oder etwas weniger abgebacken. Danach lässt man ihn etwas abkühlen, verrührt die beiden Eiweiß mit dem

> Puderzucker und einigen Tropfen Zitronensaft oder -öl zu einem dicken Brei und streicht diesen gleichmäßig über den Kuchen. Sodann wird dieser noch einen Augenblick wieder in den warmen Ofen geschoben. Der Kuchen hält sich lange Zeit, in Stücken geschnitten, in einem Steingut- oder Porzellantopf mit Deckel.

Ging es nach dem Ersten Weltkrieg auch in der Vorweihnachts- und Weihnachtszeit im Lande sehr bescheiden zu, so war es nach dem Zweiten Weltkrieg nicht anders. Wir Kinder hatten immer Hunger! Beim Spielen am Stadtrand entwendeten wir im Frühwinter vom Acker Steckrüben, kratzten mit unseren Taschenmessern die Erde davon ab, schälten sie grob und aßen sie roh mit Appetit. Auch die roten „Mehlbeeren" vom Weißdorn, die im Winter im hellen Schnee leuchteten, nahmen wir den Vögeln weg und verspeisten sie selbst. Sie schmeckten wirklich ein wenig mehlig. Obst, Kuchen und Süßigkeiten waren fast unbekannte Begriffe. Eine seltene Apfelsine wurde unter drei Personen aufgeteilt, ebenso ein „Zucker-Ei". Wenn die Mutter zum Arbeiten oder Einkaufen die Wohnung verlassen hatte, ließen wir in ein wenig Margarine Zucker heiß werden, der dann zu einer klebrigen, braunen Masse erstarrte und nur nach verbranntem Fett und Zucker roch und schmeckte. Den lutschten wir dann mit Genuss als Bonbonersatz. Oft brachten wir Kartoffelschalen zu einer Frau in der Nachbarschaft, die das Privileg hatte, einen Garten und ein Mastschwein zu besitzen. Dann erhielten wir als Dank einige rote Himbeerbonbons, welche die Zunge kräftig färbten und die eine Köstlichkeit waren. Und dennoch war es, bei allem Mangel, eine unbeschwerte, fröhliche Kinderzeit!

Auf der Halbinsel Eiderstedt – doch nicht nur dort – waren die *Wiehnachtspoppen* beliebt, ein schlichtes, helles Figurengebäck, das mit roten Naturfarben Konturen erhielt. Frau Marianne Oppel (Jahrgang 1926) aus St. Peter ist heimatkundlich sehr aktiv. Sie fühlt sich der Region besonders verbunden, da sie bis 1974 ein von der Mutter übernommenes privates Kinderheim betrieb, die „Oppel-Schule".

Dem weihnachtlichen Gebäck gilt u. a. ihr Interesse, um zumindest die Erinnerung daran zu bewahren. Von der Bäckerei Sierks in St. Peter entlieh sie im Jahre 1987 die alten Backformen, stellte selbst die *Poppen* her und zeichnete sie. Nach Auskunft der jetzigen Inhaberin, Frau Birte Sierks, können diese Weihnachtskuchen auf besonderen Wunsch immer noch hergestellt werden.

Poppen

Wie überall in Schleswig-Holstein gehörten auch in St.-Peter-Ording früher die *Poppen* zur Vorweihnachtszeit. Ich erinnere mich deutlich, wie ich als 5-jähriges Mädchen an der Hand meiner Mutter beim Bäcker mir für 5 Pfennige eines der herrlichen, rot bemalten Gebäckstücke aussuchen durfte. Herr Hans Sierks erzählte mir jetzt, dass die Ausstechformen sich seit mindestens drei Generationen im Besitz der Familie befinden. Sie wurden anscheinend noch von Hand hergestellt. Sie sind aus Weißblech gebogen und mit breiten gesäumten Blechbändern verlötet, die sie in der richtigen Form halten. Zwei Männerformen sind auf ganze Platten aufgelötet. Die Form *Lamm* trägt eingestanzt die Nummer 106.

Am Abend vor dem Backtag wurde der Zucker in kochendem Wasser gelöst. Am nächsten Morgen kamen Mehl und Treibmittel hinzu, und damit war der einfache Teig fertig. Waren die Figuren dann gebacken, versammelte sich abends die gesamte Bäckersfamilie um einen großen Tisch, um die Poppen zu bemalen. Einige Nachbarskinder kamen meist, um zu helfen. Dazu stand anfangs der Saft der Roten Beete oder später eine rote Lebensmittelfarbe bereit. Jeder bekam ein Streichholz als Zeichenstift und dann wurden den ganzen langen Abend die Figuren mit mehr oder weniger Geschick verziert. Der Hahn bekam Federn, der Reiter Stiefel, Arme, Helm und Säbel, der Ziegenbock und das Lamm ein Halsband und der Bär ein Fell. Bezahlt wurde die Arbeit oder das Vergnügen dadurch, dass die Kinder nach Belieben vom Bruch naschen durften. In der Wirtschaftswunderzeit der Fünfzigerjahre musste das Poppenbacken aufgegeben werden, da der Arbeitsaufwand nicht mehr zu bezahlen war.

Der Brauch solcher Gebildbäckerei ist mit Sicherheit über 1.200 Jahre alt. Aus heidnischer Zeit stammen die Symbole des Wilden Reiters Wotan und des Hahnes als Verkünder des Lichts. Lamm und Löwe sind christliche Symbole, zu denen in vielen Gegenden auch Adam und Eva gehörten. Unter den Poppen von St. Peter existiert nur der Mann, wenn auch gleich in drei verschiedenen Formen.

Als Kind hütete ich solch ein Gebäckstück als Schatz und guckte es lange an, bis der Appetit größer als die Andacht wurde. Heute kann ich mich eines Lächelns nicht erwehren, wenn ich an den Bedeutungswandel denke, den der Reiter im Laufe seines über 1.000-jährigen Lebens erfuhr: Vom wilden Reiter Wotan, der in den 12 dunklen Nächten über den Himmel brauste, vielleicht über den Umweg eines Erzengels Michael oder des Heiligen Georgs bis zum stolzen Kaiser Wilhelm mit Pickelhaube!

Wer kennt aus seiner Kinderzeit in St.-Peter-Ording noch andere Figuren als die oben genannten? Wie wurden die Poppen in St.-Peter-Ording genannt und wie wurden sie verwendet (als Spielzeug, aufgestellt zur Zierde, als Tannenbaumschmuck oder Ähnliches)?

MARIANNE OPPEL

Über die alte Tradition der *Weihnachtspoppen* reflektierte auch der Landschaftsmaler Lutz Theen (1913–2001), der ebenso wie seine Ehefrau Hedda Pontoppidan, die er 1940 geehelicht hatte, u. a. zahlreiche Angliter Landschaften gemalt hat. Ab 1967 lebten beide zusammen als freie Künstler in der ehemaligen Schmiede von Nordballig. Das Künstlerpaar beschäftigte sich auch intensiv mit Volkskunde und war als Restauratoren tätig. Hedda Theen-Pontoppidan wurde in diesem Jahre (2012) 100 Jahre alt. Ihre jahrzehntelang bewahrte Kreativität und ihr Lebensmut sind bewundernswert!

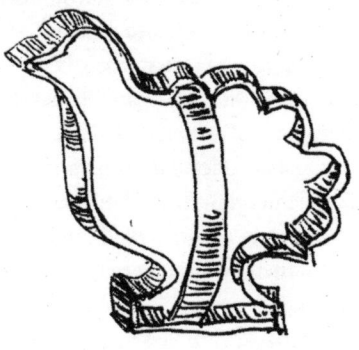

Angliter Kindjeespoppen

Zum Bäcker brauchen wir nicht zu gehen, denn zwei Bäcker kommen zu regelmäßigen Zeiten bei uns vorgefahren: Der Bäcker aus Langballig und der Bäcker aus Ringsberg. Den aus Ringsberg nennen wir aus alter Gewohnheit „Bäcker bei Nacht". Diesen Namen hatte sich eigentlich sein Vater erworben. Da er, der natürlich noch mit Pferd und Wagen fuhr, gerne mit den Kunden plauderte, kam es vor, dass er erst spät am Abend angefahren kam. Aber das machte nichts, denn er wusste, wo der Zettel mit den Käuferwünschen lag, nahm unter ihm den Geldbetrag an sich und legte Ware und Wechselgeld dafür hin.

Nun, der „junge Bäcker bei Nacht" (so jung ist er allerdings auch nicht mehr) fährt natürlich einen modernen Lieferwagen und das zu geregelten Zeiten. Ebenso aber wie der Bäcker aus Langballig hält er, wenn auch mit Mühe und gewissermaßen in Rudimenten, noch einiges Brauchtum wach, das, aus uralten Zeiten stammend, ein wenig vorväterliche Gemütlichkeit und heimatlichen Individualismus in unserer zur Vermassung und Vereinheitlichung strebenden Zeit erhält.

Carsten, das ist mein Sohn, freut sich besonders zur Fastnachtszeit auf die Bäckerwagen, denn dann haben sie *Heißewecken* mit. Die liegen mir allerdings etwas schwer im Magen, und meine Zeit ist die Adventszeit.

In dieser Zeit haben unsere Bäcker nämlich noch ein Weihnachtsgebäck mit, dessen Art und Formen eine jahrhundertealte Tradition bewahrt haben, die in unserer alles wandelnden Zeit vielerorts schon erloschen und auch bei uns vom Aussterben bedroht ist. Es ist dies ein Figurengebäck, das in Angeln und ganz Schleswig-Holstein unter verschiedenen Namen wie *Wiehnachtskoken, Wiehnachtspoppen, Kindjeestüch, Kindjeespoppen* oder *Julkuken* und *Julpoppen* bekannt war. Lange bevor der lichterglänzende Weihnachtsbaum und seine Vorformen – der Tannenzweig an der Wand oder im Blumentopf – in Schleswig-Holstein aufkamen, wurde bereits dies Weihnachtsgebäck im Wesentlichen in den heute noch gebräuchlichen Formen gebacken. Es ist kein aufwendiges Gebäck; vom Geschmacklichen her gesehen aus einfachem Mehl-, Zucker- und Wasserteig. Wenn also der Geschmack unserer Vorfahren einfach war, das Auge war es nicht. Mit derselben Liebe zum handwerklich geformten Gegenstand, zum Einzelstück, das ein persönliches Gepräge hat, wie es sich im Hausrat der alten Bauernkultur ausdrückt, wurden auch die *Kindjeespoppen* hergestellt. Jede Figur wurde einzeln bemalt und war mit ihren meist roten, seltener mehrfarbigen Zeichnungen und Ornamenten eine Freude für das Auge und besonders für das Kinderauge. Eine Anzahl bestimmter Figuren tritt uns in diesen *Wiehnachtskoken* immer wieder entgegen. Da ist der Reiter und der Hirsch, das Schwein, der Hahn und der Hund, das *Paradiesstück* Adam und Eva, der Weihnachtsmann, Mann und Frau und so allerlei Gebrauchsgegenstände wie der Möschenpott, die Pfeife und die Windmühle. Das wirkt wie eine Zusammenstellung von Figuren, die, unbefangen betrachtet, ganz einfach Dinge aus dem bäuerlichen Lebenskreis darstellen. Aber so naiv ist unser *Kindjeestüch* gar nicht, es verbirgt sich dahinter eine tiefe und weit in die Vorzeit reichende Bedeutung.

Es liegt mir fern, an diesen hübschen Dingen tiefschürfende Forschungen anstellen zu wollen, die Berufenere längst durchgeführt haben. Aber deren Ergebnisse sind doch von Interesse für jeden, dem die Neugier an den Erscheinungen dieser Welt oder gar der Wissensdurst nicht ganz abhanden gekommen sind. Den Forschern sind nämlich grundsätzlich zwei Dinge bei der Betrachtung unserer *Wiehnachtskoken* aufgefallen. Einmal die zwei verschiedenen Namensgruppen, die sich in *Julpoppen* und *Kindjeespoppen* trennen, und dann das *Paradiesstück* neben den anderen Formen, wobei bedacht werden muss, dass gerade Adam und Eva bei sonst wechselnden Figuren in den verschiedenen Landschaften anzutreffen sind. Julfest ist bekanntlich die vorchristliche Bezeichnung des Weihnachtsfestes. So deutet die Bezeichnung *Julpoppen* auf einen vorchristlichen Brauch, dem das Figurengebäck gedient hat. Nun, das scheint weit hergeholt zu sein, aber die Forscher belehren uns, dass auch die Form der Figuren aus vorchristlichen Zeiten kommt. Der Reiter, das ist der germanische Gott Odin; das Schwein wurde zu Ehren der germanischen Göttin Freia am Julfest geschlachtet, während der Hahn auf Donar weist. Der Name *Kindjeespoppen* zeigt die Überlagerung der heidnischen Bräuche durch das christliche Weihnachtsfest an, was sich bei den Formen in der Figurengruppe von Adam und Eva ausdrückt.

Welch weitreichende Zusammenhänge bringen uns da doch unsere *Wiehnachtskoken* vor die Augen und welch tiefgründige Bedeutung erhalten sie. Heidnische Tieropfer aus grauen Vorzeiten werden auf Tierformen aus Gebäck übertragen und das Christfest verdrängt das heidnische Julfest. Dabei waren die christlichen Priester sich durch Jahrhunderte im Unklaren, ob sie die alten Bräuche der Heidenzeit stillschweigend in abgewandelten Formen dulden oder ob sie sie bekämpfen sollten. Wir haben einen ganz konkreten Beweis, wie sehr das Figurengebäck in den frühen Jahrhunderten des Christentums die Kirche beschäftigt hat, denn schon das „Verzeichnis heidnischer Bräuche" der Vatikanischen Bibliothek nennt um das Jahr 750 „Gestalten aus Mehlteig", die als „Heidenwecken" erklärt werden. So harmlos, wie sie aussehen, sind unsere *Kindjeespoppen* also nicht, und vieles verbirgt sich hinter ihnen. Der Weihnachtsmann und die Windmühle, der Möschenpott und die Pfeife – das sind dann allerdings erst Formen einer viel späteren Zeit.

Nachdem unser *Kindjeestück* gar nicht mehr so unbedeutend erscheint, wollen wir es uns doch noch einmal genauer ansehen. Ich habe mich um das Rezept bemüht, und der „junge" Bäcker bei Nacht hat es mir auch verraten. Es stimmt ziemlich genau mit Rezepten aus anderen Gegenden Schleswig-Holsteins überein. Hier ist es mit den ungefähren Mengenangaben:

> **Kindjeestüch**
> 2 Pfund Zucker werden mit 100 Gramm Margarine in ¾ Litern Wasser aufgekocht und nach dem Erkalten mit 4 Pfund Mehl und 100 Gramm Backpulver (dafür nennen ältere Rezepte natürlich Hirschhornsalz) zu einem weichen Teig verrührt, dem etwas Rosenwasser zugesetzt wird.
> Dann werden die Figuren mit Blechformen ausgestochen und in schwacher Hitze etwa 20 Minuten gebacken, denn sie sollen weiß bleiben.

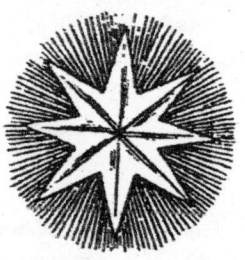

Und dann kommt das Schöne an den Figuren und das Tragische. Das Schöne, weil sie jetzt bemalt werden, und das Tragische, weil kein Bäcker heute mehr die Zeit dazu hat. Selbst wenn er und seine Gesellen die dazu nötigen geringen Talentanforderungen erfüllen: Wie soll er den Stundenlohn dafür herauswirtschaften, wo es sich doch um ein einfaches Gebäck handelt, das keinen hohen Preis beanspruchen darf? Darin liegt der Hauptgrund, dass das aus dem

Dunkel heidnischer Vorzeit stammende Gebäck in unserer Zeit vom Untergang bedroht ist.

Nun, so ganz einfach haben es die Bäckermeister früherer Zeiten auch nicht gehabt, denn sie mussten in der Weihnachtszeit große Mengen dieses beliebten Gebäcks herstellen und die „Stutenfrau" oder der Botengänger trugen es noch zusätzlich durchs Dorf. Darüber gibt es einen Bericht aus dem Anfang unseres Jahrhunderts [Beginn d. 20. Jahrhunderts, Anm. d. Verfassers]. In dem schildert der Sohn eines Bäckers, wie er zur Weihnachtszeit Schulkameraden, denen er einen einigermaßen geschickten Umgang mit dem Pinsel zutrauen durfte, zur Bemalung der *Kindjeespoppen* in die väterliche Backstube mitnahm. Hier saß man abends von 8 bis 10 Uhr und machte sozusagen „Fließbandarbeit". Die Begabteren malten die schwierigen Dinge wie die Köpfe oder das Federkleid der Tiere und die weniger Begabten verzierten die leer gebliebenen Flächen mit Strichen und Häkchen. Obwohl es keine Entlohnung gab (vielleicht hat die Gewerkschaft es nie erfahren), war diese Arbeit sehr beliebt. Die zerbrochenen Figuren durften gegessen werden, und ab und zu wurden auch Schokolade oder Schnecken herumgereicht. Im Allgemeinen wurden die Figuren mit roter Farbe in Strichen bemalt. Dazu dienten Rote-Beete- oder Kirschsaft. Es kam wohl auch einmal eine grüne Zuckerfarbe für die Fußleisten oder den Baum vom „Paradiesstück" vor. Manchmal wurden Teile der Figuren mit bunten Zuckerkügelchen überstreut oder gar mit Schaumgold verziert. Die „klassische" Form aber ist die Bemalung mit einfachem und ungiftigem roten Farbstoff. Wie man die einzelnen Stücke bemalt, das bleibt dem eigenen Vermögen und Ermessen überlassen. Einen Hahn zum Beispiel kann man sozusagen

„naturalistisch" mit seinem Federkleid bemalen. Es sind aber auch Bemalungen überliefert, die den Hahn mit Ornamenten aus Blumen- und Pflanzenformen „unnaturalistisch" schmücken.

Welch nette Stunden das in der weihnachtlichen Backstube gewesen sein mögen, wenn ich jedenfalls von mir aus urteile! Denn wir machen uns diese gemütlichen Stunden auch. Wir lassen uns die *Kindjeespoppen* unbemalt vom Bäcker geben und dann bemalen wir sie selbst. Das sind behagliche Abende in der Adventszeit, wenn wir bei der Lampe um den Tisch sitzen, jeder eine Figur vor sich liegen hat und sie nun möglichst hübsch zu bemalen trachtet. Auf dem Herd summt der Grog-Kessel und ums Haus darf ruhig der Dezembersturm sausen. Das heißt: lieber nicht von der Südost-Seite, da traue ich dem alten Dach nicht recht.

Während ich dies so niederschreibe, merke ich, dass wir doch recht unmoderne Menschen sind. Wer auf der Höhe der Zeit ist, kauft Fertigware. Jeden Herbst gucke ich in den neuen Groß-Versandhaus-Katalog, ob nicht gar schon ein fertig geschmückter Weihnachtsbaum zu bestellen ist, der von Original-Weihnachtsmännern am Heiligen Abend geliefert wird. Das mag nun ein Leitbild unserer Zeit sein, doch wundert mich dann, warum andere sich wundern, dass unser Familienleben und unsere Feste zu veröden drohen und nicht mehr den Zauber früherer Zeiten haben. Man muss schon selbst ein wenig dazu tun. Das Bemalen der *Kindjeespoppen* lässt uns so recht die Stimmung weihnachtlicher Vorfreude empfinden, die in einer heiteren Tätigkeit einen gemeinsamen Mittelpunkt findet. Auch können wir unsere *Kindjees* mit so viel Liebe und Ruhe bemalen, wie sie heute der Bäcker leider nicht mehr aufwenden kann. Seine schnell bemalten Gebilde rücken dabei manchmal in bedenkliche Nähe unverständlicher Kunstübungen moderner Richtungen. Welch Zierstück aber ist eine sorgfältig bemalte *Kindjeespoppe* auf dem bunten Teller!

Der schönste Weihnachtsbaum, den ich kenne, der steht altjährlich bei einem Maler unserer Heimat. Die große, bis an die Decke reichende Tanne ist außer mit Lichtern nur mit Strohsternen, roten Äpfeln und selbst bemaltem *Kindjeestüch* geschmückt. Und wie viel

Freude steht in Kinderaugen, die „ihr" *Kindjees*, das sie bemalt haben, am Weihnachtsbaum wiederfinden!

Das also sind die Gründe, weshalb ich mich in der Adventszeit auf die Bäckerwagen mit den *Kindjeespoppen* freue. Einmal tun sie meinem Magen gut zwischen all den marzipanisierten Wirtschaftswundersüßigkeiten und zweitens tun sie meiner Seele gut. So hoffe ich denn, dass Bäcker Hansen und der „Bäcker bei Nacht" ein Einsehen haben und auch weiterhin *Kindjeespoppen* backen, wie sie seit mehr als tausend Jahren in unserer Heimat gebacken wurden.

LUTZ THEEN

Auch im Herzogthum Lauenburg pflegte man die Weihnachtsbäckerei. Auguste Oppermann (geb. Wagner, 1850–1938) verlebte eine harmonische Kindheit in der Möllner Löwen-Apotheke, heute Marktstraße 14. Ihr Vater Friedrich Heinrich Wagner war nicht nur Pharmazeut, sondern auch Bürgermeister in der Kleinstadt. Auf Bitten ihrer Nichte Else, Tochter des Darmstädter Professors Paul Wagner, schrieb sie zehn Jahre vor ihrem Tode ihre Erinnerungen an ihre Kinder- und Jugendjahre in Mölln nieder. Hierin gibt sie ein plastisches Bild des damaligen beschaulichen Lebens in der „Eulenspiegel-Stadt" wieder. Der Weihnachtszeit gilt ihre besondere Liebe in diesem behüteten Elternhaus. Die Plätzchenbäckerei wurde in der alten Apotheke mit Emsigkeit betrieben.

Braune Kuchen aus Mölln
von Auguste Oppermann

Wir müssen wieder in die Kinderstube zurück und Weihnacht miteinander feiern. – Wochenlang vorher wurde schon der Teig für die braunen Kuchen angerührt, der dann am Tage vorm Fest mithilfe aller Kinderhände ausgerollt, ausgestochen und gebacken wurde. Ihr wolltet schon immer mal gern das alte Rezept haben, leider weiß ich es nicht mehr in der alten Form von Loth und Unzen und schreibe es nun in den jetzt gebräuchlichen Ausdrücken:

Möllner Braune Kuchen

6 Pfund Mehl, 5 Pfund Kuchensirup, 1 Pfund Zucker, 1½ Pfd. Butter oder halb Butter, halb Schmalz, 100 g gereinigte, in Rosenwasser aufgelöste Pottasche, Zimt, Nelkenpfeffer, Kardamom, wenig Anis, gehackte Mandeln, abgeriebene Zitronenschale, alles nach Geschmack.

Das Mehl wird in eine große Schüssel getan, Sirup, Zucker und Butter bis vors Kochen gebracht und sofort in dünnem Strahl mit dem Mehl und Gewürzen vermengt. Dazu gehören unbedingt zwei Personen, eine, die stark und kräftig rührt, damit ja keine Klumpen entstehen, während die andere vorsichtig die heiße Masse hinzugießt, immer genau in die Mitte, nicht etwa mal seitlich ins Mehl hinein. Zuletzt, wenn der Teig während des Rührens ziemlich abgekühlt ist, kommt auch die Pottasche dazu. Der Teig muss noch so weich sein, dass man ihn mit dem Löffel regieren kann. Er wird in den nächsten Wochen noch ein paar Mal mit den Händen durchgeknetet, welche Arbeit man sich dadurch erleichtern kann, dass er beständig im warmen Zimmer steht, etwa auf einem Schrank.

Da wir gerade bei Rezepten sind, füge ich von Mutters Hand noch zwei hinzu, die ihre Spezialität waren und die auch ich noch gerne backe:

Kleine Kuchen

1 Pfd. Mehl, ½ Pfd. ausgesalzene Butter, ¼ Pfd. Zucker, 1–2 Löffel voll süßen Rahm, etwas Kardamom und Zimt werden zusammen durchgeknetet, bis es zähe wird, dann wird es dünn ausgerollt, mit einem Glase kleine Kuchen ausgestochen, mit Eiweiß bestrichen und mit Zucker und Zimt bestreut.

Creme-Torte

Man nimmt ⁵/₄ Pfd. Mehl, ¾ Pfd. Zucker, ½ Pfd. Butter und 4 ganze Eier, rührt diese Masse gut durch und backt vier Kuchen davon, die auf ein Tortenblech gestrichen gar gemacht werden. Dann nimmt man 1 Liter süßen Rahm, 6 Lth.[2] Zucker, 6 Eidotter und ein wenig Vanille, lässt dies unter beständigem Rühren bis zum Kochen kommen und rührt dann, wenn es noch nicht steif genug ist, noch etwas Stärke dazu, streicht es noch warm zwischen die Kuchen und legt sie aufeinander.

---

[2] Ein Neues preußisches Loth betrug seit Mai 1856 = 16,666 Gramm, 6 Loth waren somit ca. 100 Gramm.

Um die mühsam hergestellten Kekse bis zum eigentlichen Weihnachtsfest zu retten, wurden sie von mancher Hausfrau versteckt. Doch allzu bald kam die Familie dem auf die Spur.

Florentiner

Weihnachten ist die Zeit des Versteckens. Ob es nun Geschenke sind, die vor dem Fest nicht entdeckt werden sollen und daher hinter Büchern oder Wäsche verborgen werden, oder ob es die liebevoll in stundenlanger Kleinarbeit gebackenen Plätzchen sind, welche die naschsüchtige Familie nicht vor dem Christabend verdrücken soll: Man strapaziert die Fantasie, um in Wohnung oder Haus optimale Stellen zu entdecken, auf welche die anderen nicht kommen. So geht es auch meiner Freundin Ellen, die Wochenende für Wochenende im November unzählige Blechbehälter mit Mandelhörnchen, Nussmakronen, Printen, Vanillekipferln, Spekulatiuskeksen und Zimtsternen gefüllt hat. Doch trotz der inständigen Bitten der Kinder und des Göttergatten, schon vor dem Heiligen Abend etwas davon herauszurücken, bleibt sie hart und bietet sie der Familie nicht schon in den Adventstagen an.

„Das kommt überhaupt nicht in Frage! Wenn Ihr erst einmal anfangt, davon zu futtern, bleibt nichts mehr für den Weihnachtskaffee, wenn Oma, Opa sowie Tante Käthe und Onkel Kurt kommen! Nichts da! In den Wochen vor dem Heiligen Abend gibt es nachmittags nur selbst gemachten Stollen. Das genügt! Schließlich habe ich mir damit auch viel Mühe gegeben!" Und so schnüffeln die Kinder wie die Jagdhunde heimlich durch die Räume, um festzustellen, wo Ellen die Herrlichkeiten in diesem Jahr versteckt hat. In diesem Jahr müssen sie in der antiken Nussbaumkommode mit der Tischwäsche stecken! Denn wenn man davor steht, duftet es atemberaubend gut nach Zimt, Nelkenpulver, Kardamom, Koriander und Anis. Aber die größte Schublade ist abgeschlossen und der Schlüssel unauffindbar. Doch dann hat Christian, der Älteste von Ellens drei Söhnen, entdeckt, dass man die Schublade darüber aufziehen kann. Dadurch gelangt man an die obersten Dosendeckel und kann sie öffnen. Das muss natürlich heimlich geschehen, damit die Mutter es nicht bemerkt. Heimlich, das heißt über Nacht, wenn die Eltern schlafen.

An einem Abend gegen 23 Uhr ist es dann so weit. Die Eltern begeben sich bereits um 21 Uhr ins Schlafzimmer, da der Vater am kommenden Morgen einen frühen auswärtigen Termin hat und um 5.30 Uhr aufstehen muss. Im Hause ist es absolut still. Offenbar sind die Eltern schon eingeschlafen. Nur der Hund wirft sich im Hausflur ab und an unruhig auf die Seite. Ob er von Weihnachtsplätzchen träumt?

Leise verlassen die drei Kinder ihre Zimmer und treffen sich auf dem oberen Flur. Nur kein Licht anmachen! Der Schein unter der Schlafzimmertür hindurch könnte die Eltern aufwecken. Sie schleichen sich die teppichbodenbelegte Steintreppe hinab und tasten sich vorsichtig durch den Flur zum Esszimmer. Glücklicherweise knarrt die Tür heute nicht. Der Hund hebt kurz den Kopf und dreht sich einmal in seinem Körbchen. Es ist ja nichts Beunruhigendes! Es sind ja nur die Kinder!

Lautlos lehnen sie die Tür an und schleichen durch das dunkle Zimmer zur Wäschekommode, ohne erstaunlicherweise an eines der Möbelstücke zu stoßen. Hier hocken sie sich nieder. Christian zieht vorsichtig die oberste Schublade auf und stellt sie behutsam auf den Parkettboden. Bald hört man im Dunkeln ein leises Metallgeräusch. Der Junge hat den Deckel der einen Blechdose angehoben und wühlt vorsichtig in ihrem Inhalt. Das Pergamentpapier, das Ellen offenbar zwischen die einzelnen Gebäckschichten gelegt hat, raschelt leise. Ihr ältester Sohn reicht mehrere Kekse hinter sich in die Finsternis und flüstert: „Weiterreichen und essen!" Nach wenigen Minuten hört man nur ein leises entzücktes Mampfen und Schmatzen, ab und an unterbrochen durch das Zerkauen eines ganzen Nusskernes oder das Zerbeißen einer harten Brezel. Oh, wie herrlich schmeckt das doch alles! Wie konnte die Mutter nur so hartherzig sein und ihnen diese leckeren Sachen vorenthalten? Die Kinder kommen sich vor wie im Märchen „Hänsel und Gretel" vor dem mit köstlichen Pfefferkuchen bedeckten Hexenhäuschen.

Plötzlich quietscht die Tür in ihren Angeln und das aufflammende elektrische Licht des Kronleuchters vertreibt die Dunkelheit. Ellen steht da, in Nachthemd und Morgenmantel, ihre Haare leicht verstrubbelt. Entgeistert schaut sie auf die Gruppe vor der Kommode. Da hocken nicht nur ihre drei Söhne und kauen mit vollen Backen, sondern hinter ihnen kniet der Vater, einen angebissenen Florentiner in der Hand und den Mund verschmiert mit Schokolade.

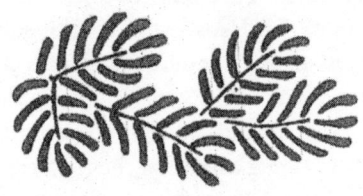

Florentiner auf Preetzer Art

100 G BUTTER, 150 G ZUCKER, 50 G HONIG, ⅛ L FLÜSSIGE SAHNE, 1 MESSERSPITZE SALZ, DIE ABGERIEBENE SCHALE EINER ½ UNBEHANDELTEN ZITRONE, 180 G MANDELBLÄTTCHEN, 30 G FEIN GEHACKTES ORANGEAT, 100 G SCHOKOLADEN-FETTGLASUR, FÜR DEN, DER MAG: ROTE BELEGKIRSCHEN. AUSSERDEM BACKTRENNPAPIER.

Zwei Backbleche werden mit dem Trennpapier ausgelegt. Backofen auf 190°C vorheizen. Butter, Zucker, Honig, Sahne, Salz und Zitronenschale 4–5 Minuten kochen lassen, Topf vom Feuer nehmen. Mandelblättchen und Orangeat unterrühren. In großen Abständen je 1 gehäuften Esslöffel voll von der Masse auf die Backbleche setzen, auf mittlerer Schiene 10–15 Minuten backen. Der Teig läuft dabei recht breit auseinander. Nach dem Herausnehmen die abgekühlte Masse auf dem Blech mithilfe von zwei Messern zu kleinen Plätzchen formen und fest werden lassen. Nach dem Erkalten das Gebäck von dem Trennpapier abziehen. Die Schokoladenglasur schmelzen lassen, auf die glatte Seite der Florentiner streichen und erkalten lassen. Die Oberseite je mit einer halben Kirsche belegen.

Von Nikolaus, Knecht Ruprecht und dem Weihnachtsmann

Weihnachten ist vor allem ein Fest für die Kinder, für fröhliche, erwartungsvolle Kinder, die sich noch richtig freuen können, die ungeduldig und neugierig der Adventszeit entgegenfiebern, die gerne Gedichte und kleine Lieder lernen, Sterne aus buntem Papier basteln oder niedliche dekorative Gegenstände wie Fliegenpilze oder Wichtelmänner herstellen und bemalen sowie Wunschzettel ausfüllen. Mancher Erwachsene stellt sich dann gelegentlich die Frage: War das schon immer so?

Bei der Person des Heiligen Nikolaus haben sich zwei Legendengestalten vermischt: diejenige des Bischofs Nikolaus von Myra (Kleinasien), der im 4. Jahrhundert n. Chr. lebte und die des Nikolaus von Sion, Bischof von Pinora (verstorben 564 n. Chr.). Hierzu gehört außerdem die Figur des Knechts Ruprecht, eines Nikolaus-Begleiters. Ist der Heilige Nikolaus als Gabenspender für die Kinder positiv besetzt, so verband man ursprünglich mit dem Knecht Ruprecht – einem Gesellen, der sich wohl im Alpenländischen entwickelt hat – die negative Vorstellung eines Kinderschrecks.

Außerdem finden sich in Norddeutschland noch der *Sünnerklaas* und der *Kindjees*, die mit Weihnachtsmann und Knecht Ruprecht

vermischt wurden. Als der Wiener Maler und Illustrator Moritz von Schwindt (1804–1871) für die „Münchener Bilderbogen" im Jahre 1847 die Figur des „Herrn Winter" kreierte, trat der langbärtige Weihnachtsmann seinen Siegeszug an. Doch in Schleswig-Holstein ist es wohl wie andernorts auch den Kindern gleichgültig, ob nun Nikolaus, Knecht Ruprecht, Sünnerklaas oder Kindjees kommen. Die Hauptsache ist, es finden sich am Morgen des Nikolaustages in oder neben dem vor die Tür gestellten Schuh reichlich Geschenke, als Vorgeschmack der weihnachtlichen Bescherung durch den Weihnachtsmann.

Literarisch hat Theodor Storm dem Knecht Ruprecht zu Ruhm verholfen. In seiner schleswig-holsteinischen Weihnachtsnovelle „Unter dem Tannenbaum" (1862) gibt er in leicht abgekürzter Form eine ursprüngliche Spielfassung wieder. Ihre undatierte Handschrift befindet sich in der Schleswig-Holsteinischen Landesbibliothek in Kiel. Dieser Text wird vermutlich in der Familie Storm in Heiligenstadt durch zwei Personen vorgetragen worden sein:

Knecht Ruprecht

Ruprecht:
Habt guten Abend, Alt u. Jung,
Bin allen wohl bekannt genug.
Von drauß', vom Walde komm ich her;
Ich muss euch sagen, es weihnachtet sehr!
Allüberall auf den Tannenspitzen

Sah ich goldene Lichtlein sitzen;
Und droben aus dem Himmelstor
Sah mit großen Augen das Christkind hervor;
Und wie ich so strolcht' durch den dichten Tann,
Da rief's mich mit heller Stimme an:
„Knecht Ruprecht", rief es, „alter Gesell,
Hebe die Beine und spute dich schnell!
Die Kerzen fangen zu brennen an,
Das Himmelstor ist aufgetan,
Alt' und Junge sollen nun
Von der Jagd des Lebens einmal ruhn;
Und morgen flieg ich hinab zur Erden,
Denn es soll wieder Weihnachten werden!
So geh denn rasch von Haus zu Haus,
Such mir die guten Kinder aus;
Damit ich ihrer mag gedenken,
Mit schönen Sachen sie mag beschenken."
Ich sprach: „O lieber Herre Christ,
Meine Reise fast zu Ende ist;
Ich soll nur nach Heiligenstadt,
Wo's liebe brave Kinder hat."
– „Hast denn das Säcklein auch bei dir?"
Ich sprach: „Das Säcklein, das ist hier,
Denn Apfel, Nuss und Mandelkern
Fressen fromme Kinder gern."
– „Hast denn die Rute auch bei dir?"
Ich sprach: „Die Rute, die ist hier;
Doch für die Kinder nur, die schlechten,
Die trifft sie auf den Teil, den rechten."
Christkindlein sprach: „So ist es recht;
So geh mit Gott, mein alter Knecht!"
Von drauß' vom Walde komm ich her;
Ich muss euch sagen: Es weihnachtet sehr.
Nun sprecht, wie ich's hier innen find'?
Sind's gute Kind? Sind's böse Kind?

Vater:
Die Kinder sind wohl alle gut,
Haben nur mitunter was trotzigen Mut.

Ruprecht:
Ei, ei, für trotz'gen Kindermut
Ist meine lange Rute gut;
Heißt es bei euch denn nicht mitunter
Nieder den Kopf und die Hosen herunter?

Vater:
Wie einer sündigt, so wird er gestraft;
Die Kinder sind schon alle brav.

Ruprecht:
Stecken sie die Nas auch tüchtig ins Buch,
Lesen und schreiben und rechnen genug?

Vater:
Sie lernen mit ihrer kleinen Kraft,
Wir hoffen zu Gott, dass es endlich schafft.

Ruprecht:
Beten sie denn nach altem Brauch
Im Bett ihr Abendsprüchlein auch?

Vater:
Neulich hört ich im Kämmerlein
Eine kleine Stimme sprechen allein;
Und als ich an die Tür getreten,
Für alle Lieben hört ich sie beten.

Ruprecht:
So nehmet denn Christkindleins Gruß,
Kuchen und Äpfel, Äpfel und Nuss;
Probiert einmal von seinen Gaben,

Morgen sollt ihr was Besseres haben.
Dann kommt mit seinem Kerzenschein
Christkindlein selbst zu euch herein.
Heut hält es noch am Himmel Wacht.
Nun schlafet sanft; habt gute Nacht.

THEODOR STORM

In vielen Betrieben und Vereinen wird in der Vorweihnachtszeit eine Julklapp-Feier veranstaltet. Ursprünglich warf hierzu eine als Nikolaus verkleidete Person einen Sack mit Geschenken für die Anwesenden in den Raum und rief hierzu fröhlich „Julklapp"! Heute beschränkt man sich darauf, kleine Überraschungen für den jeweiligen Empfänger in buntes Weihnachtspapier einzuwickeln, um ihm hiermit eine kleine Vorweihnachtsfreude zu bereiten, wobei das entspannte, gesellige Beieinandersein das Wichtigste ist. So geschah es auch in dem ehemaligen alten Klosterdorf Bordesholm, dessen gotische Kirche früher den berühmten geschnitzten „Brüggemann-Altar" beherbergte, der vor Jahrhunderten gemäß einem herzoglichen Dekret von Bordesholm in den Schleswiger Dom überführt wurde.

Die Julklappmaus von Bordesholm

Weihnachten ist die Zeit der Tiere – ob Weihnachtsgans, Weihnachtshase oder Weihnachtskarpfen. Doch sie müssen leider daran glauben, damit es uns wohl geht. Es sei denn, wir beschließen einmal wieder, ab sofort Vegetarier zu werden. Das wäre schließlich auch ein Akt der Humanität gegenüber dem Feder-, Fell- und Schuppengetier! Aber das ist ein anderes Thema!

Weihnachten ist allerdings nicht die Zeit der Mäuse! Die sind zu klein zum Verspeisen. Und überhaupt – igitt auch!

Und die allseits beliebte und geliebte „Weihnachtsmaus" des bekannten Autors James Krüss (1926–1997) von der Insel Helgoland – die lassen wir lieber leben, damit sie noch viele Kinder erfreuen kann.

Doch es geht um eine andere Maus, die wir auch nicht ins Jenseits befördern wollen: Das ist die Julklapp-Maus von Bordesholm. Sie wohnt immer noch in einem blau angemalten Holzschuppen in der Nähe des alten Pastorats am See und knuspert und knistert dort leise vor sich hin. Es sei denn, die Katze hat sie mittlerweile geholt. Mit ihr hat sich vor einigen Jahren an einem Nachmittag im Dezember eine reizende Begebenheit abgespielt:

Es weihnachtete in dem alten holsteinischen Klosterdorf, dessen Chorherren einst aus einer betriebsamen Fleckengründung mitten auf der Geest hierher in die wasser- und fischreiche Abgeschiedenheit gezogen waren. Das ist jedoch viele Jahrhunderte her und nur ein prächtiger Sarkophag für eine blutjunge, viel zu früh verstorbene Herzogin und das geschnitzte dunkle Eichengestühl in der gotischen Backsteinkirche mit dem kleinen Dachreiter erinnern noch an die Zeit der Mönche.

Unter einem leuchtenden Winterhimmel träumte der kleine buchtenreiche See zwischen Mischwald, Bauernhäusern und zumeist altertümlichen Villen still vor sich hin. Die fahlgelben Schilfstängel am Ufer waren durchsetzt mit weißen Schneepolstern. Die entlaubten Bäume und Büsche hoben sich mit feinem Geäst und Gezweig silhouettenhaft vom violett-rötlichen Horizont ab und gaben den Blick frei auf die malerische Endmoränenlandschaft. Unzählige Enten mit unterschiedlichstem Gefieder schwammen munter in der Klosterbucht vor dem ehemaligen stilvollen Amtsgericht und hatten trotz der Eiseskälte weder eine Blasenentzündung, noch einen kräftigen Schnupfen. Sie ließen sich von alten Damen des nahen Seniorenstiftes mit Brotresten verwöhnen – wobei diese leider nicht bedachten, dass sich das liebe Federvieh bei dieser Art von Zubrot eine durchschlagende Diarrhöe holen würde. „Tratsch, tratsch", fing ein Alttier an zu schnattern. Und wie im Wechselgesang der alten Konventsgemeinschaft fiel lauthals der gesamte Chor ein, verstummte, als wenn er dem Einzelsänger zuhörte, um dann die Tonfolge „a capella" zu wiederholen.

Durch die pfeilerbewehrten, dicken Mauern und die schmalen, hohen Fenster drang Kirchengesang nach außen. Der Chorleiter, hauptberuflich als Jurist tätig, in seiner Freizeit mit wahrer Passion Musiker, winkte ab. Die örtliche Liedertafel übte für das alljährliche Weihnachtskonzert. Aber ihr Dirigent war noch nicht zufriedenzustellen. „Meine Herren, ‚Denn uns ist heut ein Kind geboren', das muss fröhlicher klingen – das ist die neue Botschaft, die Verheißung! Doch ich sehe schon, Sie sind müde. Für heute soll es denn genug sein." Leicht erschöpft verzogen sich die Sänger. Die meisten strebten dem heimischen Herd zu. Man hatte in der Vorweihnachtszeit noch so viel zu erledigen. Außerdem würde man Muße haben, am folgenden Wochenende geruhsam und ausführlich miteinander zu klönen. Denn man wollte sich zu einer „Julklapp"-Feier treffen, mit Punsch und braunen Kuchen und das gemeinsame musikalische Jahr stimmungsvoll ausklingen lassen. Nur einige Unentwegte steuerten die nahe „Linde" an. Ein Bier würde Labsal für die ramponierten Stimmbänder sein!

Carsten Meier hingegen eilte nach Hause. Ihm war in diesem Jahr die ehrenvolle, doch mühselige Aufgabe zugefallen, aus der „Gesangskasse" für alle Liedertäfler ein kleines Präsent zu besorgen. Das meiste hatte er bereits liebevoll in grünes Glanzpapier gewickelt, mit dem Namen des Betroffenen und einem kleinen Spruch versehen. Und auf jedes hatte er eine rot verpackte Cognac-Kirsche mit Eiweiß geklebt. Das sah lustig aus und verlieh dem ganzen Sammelsurium eine gewisse appetitliche Einheitlichkeit. Die letzten Päckchen sollte er nun fertig machen. Mit großen Schritten wollte er in das Dachgeschoss eilen, wo im Gästezimmer auf der Couch alle Julklapp-Sachen lagen. Doch wie angewurzelt blieb er stehen: Auf der zweitobersten Treppenstufe saß – nein, lehnte eine kleine braune Feldmaus. Als sie seine Tritte hörte, machte sie einen ungeschickten winzigen Schritt nach vorne. Doch „bauz", da lag sie auf dem Bäuchlein und streckte alle Viere von sich. Matt hing ihr Schwänzchen über die Stiege.

Verdutzt schauten sich Carsten und die Maus an. Sie machte keine Anstalten davonzuhuschen. Und ehe er sich überlegen konnte, was er nun machen sollte – sie anfassen, erschlagen oder verscheuchen – stieg ein jäher Verdacht in ihm hoch.

Er sprang je zwei Stufen auf einmal nehmend an der Maus vorbei, die Treppe hinauf. Hier riss er die halb geöffnete Tür des Gästezimmers weit auf und sah die Bescherung. Zwanzig Cognac-Kirschen waren angeknabbert. An jeder sah man eine winzige Nagespur durch das glänzend rote Papier hindurch, durch die Schokoladenschicht bis hin zum alkoholisch-süßen Inhalt.

„Mäuschen, du bist ja dun!", entfuhr es ihm. Und trotz des aufkommenden Ärgers musste er lachen. Er nahm sein großes, blau kariertes Taschentuch und packte die Maus hinein, die mittlerweile den Schlaf der Gerechten schlief. Vorsichtig verfrachtete er sie in einen großen Strohhaufen im Schuppen, hinten in seinem Garten und deckte sie gut zu. „So, nun schlaf deinen Rausch aus", murmelte er, „aber komm mir nicht wieder ins Haus!"

Oh Tannenbaum …

Die Weihe der Nacht

Nächtliche Stille!
Heilige Fülle,
Wie von göttlichem Segen schwer,
Säuselt aus ewiger Ferne daher.

Was da lebte,
Was aus engem Kreise
Auf ins Weitste strebte,
Sanft und leise
Sank es in sich selbst zurück
Und quillt auf in unbewusstem Glück.

Und von allen Sternen nieder
Strömt ein wunderbarer Segen,
Dass die müden Kräfte wieder
Sich in neuer Frische regen,
Und aus seinen Finsternissen
Tritt der Herr, soweit er kann,
Und die Fäden, die zerrissen,
Knüpft er alle wieder an.

FRIEDRICH HEBBEL

Schleswig-Holstein ist ein reizvolles Land, reich an landschaftlichen Kontrasten. Hoch erheben sich über der Ostsee die lehmigen Steilufer. In jedem Frühling und jedem Herbst verlieren sie sich an die nagenden, spülenden Fluten. Entwurzelt rutschen Eichen- und Buchenstämme hinunter und versinken im salzigen Wasser. Alljährlich dasselbe Sterben! Wanderwege, direkt am Küstensaum, bröckeln ab, verschwinden, werden einige Meter zurück in das Land verlegt, um nach einigen Jahren erneut abzubrechen, abzustürzen.

Im lieblichen östlichen Hinterland spiegeln sich weiße Schlösser, Herrenhäuser und feldsteinerne Dorfkirchen in glitzernden Seen.

Auf dem mageren Geestrücken verweht der Wind die leichte Erde, sofern Hecken und Wälder ihn nicht stoppen. In der satten Marsch verbiegen sich Busch und Baum Richtung Osten, ständig verkrüppelt und verformt von dem Sturm, der von der Nordsee kommt. Wer sich ihm entgegenstemmt, kann sich nicht entwickeln. Sich ducken und anpassen, lautet dort in der Natur das Gebot der Stunde. Die Vorwintertage bis zur Jahreswende sind zwischen Nord- und Ostsee zumeist milde. Selten werden die Weihnachtstage durch Schneefälle und Eis belebt. Grüne, regen- und nebelfeuchte Festtage sind seit Jahrzehnten die Regel, wovon es jedoch gelegentlich eine Ausnahme mit hohen Schneeverwehungen auf unwegsamen Straßen und Autobahnen gibt, die dann hier sogleich als „Schneekatastrophe" bezeichnet wird und den Ruf nach bayrischen Schneeräumfahrzeugen laut werden lassen. Holt uns im Januar und Februar, manchmal auch noch im März doch die Eiseskälte ein, so gefrieren gelegentlich die vielen Seen in Ostholstein, bieten überschwemmte Wiesen herrliche Eislaufflächen, lässt es sich an der Westküste auf den gefrorenen „Fennen" wunderbar Boßeln – ein Volkssport, dem bereits der heimatliche Dichter Theodor Storm in seiner dramatischen Novelle „Der Schimmelreiter" eine lange Beschreibung gewidmet hat.

Bei aller Vielfältigkeit auf kleinem Raum und günstigen klimatischen Bedingungen wurde dieses Land doch von der Poesie nicht unbedingt geküsst. Denn hier frieren die Musen, unabhängig von winterlichen Unzulänglichkeiten! Nur wenige Schriftsteller haben sich in die Rangliste der Autoren mit Weltformat emporgearbeitet: an Thomas Mann oder Theodor Storm sei hierbei vor allem gedacht.

Und nur wenige Schriftstellerinnen versagten sich die drei klassischen weiblichen, gottgewollten großen „K", nämlich Küche, Kirche und Kinderstube, und verschrieben sich mit Opfermut und ungebrochenem Optimismus dem Gänsekiel, dem Füllfederhalter, der Schreibmaschine oder in der heutigen Zeit dem Computer.

Doch viele dieser Autoren beiderlei Geschlechts haben mit Freude und oft erinnerungsstark die Weihnachtszeit in ihr dichterisches Werk eingebunden, die Weihnachtstage in Schloss und Hütte, in der Stadt und auf dem Dorf, an den Deichen, im üppigen hügeligen Ostholstein oder Angeln und auf der mageren Geest, die sich wie ein Rückgrat von der Elbe mitten durch das Land zieht und jenseits der deutsch-dänischen Bundesgrenze ihre Verlängerung bis hoch oben in den Norden nach Skagen erfährt. Ihre weihnachtlichen und vorweihnachtlichen Impressionen werden hier mit eingebunden in die Darstellung des Weihnachtslandes Schleswig-Holstein.

Mehr noch als die Weihnachtskrippe spielt der geschmückte Tannenbaum in Norddeutschland seit langer Zeit eine bedeutende Rolle. Es fragt sich daher, seit wann er in dem kleinen, schmalen Lande zwischen den Meeren allgemein verbreitet ist.

Der Weihnachtsbaum – wobei er nicht immer eine Fichte oder Tanne, sondern auch einmal ein Buchs-, Taxusbaum oder gar eine Stechpalme war – hat seinen Ursprung rechts und links des Oberrheins, im badischen Breisgau und im Elsass. Im 14. Jahrhundert verschönte man dort die Häuser in der mittwinterlichen Zeit mit grünen Tannenzweigen. 1494 ist in dem „Narrenschiff" des Straßburger Humanisten Sebastian Brant von grünen Tannenreisern zu lesen, mit denen man das Wohnhaus ausschmückte. Auch in Freiburg im Breisgau sollen etwa um 1508 die Häuser mit grünen Tannenreisern dekoriert worden sein. Da die hohe Weißtanne im Schwarzwald und in den Vogesen flächendeckend wächst, war an Nadelbäumen keine Not. Der Schritt zum Aufstellen von vollständigen Tannenbäumen war dann nicht sehr weit. Man bezeichnete sie als *Weihnachtsmaien*. So beriefen sich 1556 die Bürger der romantischen Stadt Kaysersberg im Elsass darauf, dass sie berechtigt seien „nach altem Herkommen" „uff der Wyhenacht oben yedem, wer der seige drey Meigen und ein pfurch" zu hauen. In der „Beckschen Chronik" aus der Zeit um 1600 ist von Tannenbäumen die Rede, die in Schlettstadt für die Weihnachtszeit gefällt und mit Äpfeln und Oblaten behängt wurden. Am 6. Januar, dem Dreikönigstag, durften die Kinder ihn plündern.

Auch spätere elsässische Texte aus dem 17. Jahrhundert berichten von Puppen, Zuckerzeug, buntem, ausgeschnittenem Papier und „Zischgold", womit die Bäume behängt wurden.

Die Verbreitung des Weihnachtsbaumes in Mitteleuropa durchzieht dann in der nachfolgenden Zeit das Schrifttum und die Literatur, wobei sich erst allmählich auch die Sitte entwickelte, auf den Zweigen Kerzen zu befestigen und anzuzünden.

In dem nordelbischen Herzogtum Holstein wurde der Tannenbaum erstmals im frühen 18. Jahrhundert schriftlich erwähnt. Es war Johann Georg Graf von Dernath (1668–1740), der 1691 das adelige Gut Sierhagen bei Oldenburg (Holstein) übernahm. Der junge Graf war in Dresden geboren worden und seine Mutter hielt engen Kontakt zum kurfürstlichen Hof. Aus den Aufzeichnungen eines seiner Hofpächter, Volrad August Schütt, vom Dezember 1707 geht hervor, dass der Graf alljährlich „op Wihnachten ein Dahnenbaum" errichten ließ, der bald in der bäuerlichen Bevölkerung Nachahmer fand und der „Dernath'sche Baum" genannt wurde.

Eine weitere schriftliche Quelle für einen frühen Lichterbaum ist bei Leopold Friedrich Graf zu Stolberg (1750–1819) zu finden. Er und seine Geschwister verbrachten ihre ersten Lebensjahre im standesgemäß hergerichteten Torhaus des Fleckens Bramstedt, da der Vater anfangs dort Amtmann des Amtes Segeberg war. Als Friedrich Leopold fast sechs Jahre alt war, übersiedelten die Eltern mit ihm, seinem Bruder Christian (1748–1821) sowie den Schwestern Henriette (1748–1782), Katharina (1751–1832) und Auguste (1753–1835) nach Kopenhagen, wo der Vater eine einflussreiche Stellung bei Hofe erhielt. Seine Schwester Auguste ging übrigens als „Goethes Gustchen" in die Literaturgeschichte ein, da sie einen intensiven Briefwechsel mit dem „Dichterfürsten" pflegte und durch die Lektüre seines „Werthers" schon als junges Mädchen Kenntnis von einem dort beschriebenen, reich geschmückten Weihnachtsbaum erlangte.

In einem Aufsatz aus dem Jahre 1781 in der Literaturzeitschrift „Das Museum", Jahrgang 1782, erinnert sich Friedrich Leopold, selbst noch nicht verheiratet, an die Weihnachtstage in seiner Kindheit, wobei jedoch nicht genau ersichtlich ist, ob er die frühen Jahre in Bramstedt oder die späteren in Kopenhagen meint.

Mit Kerzen behangene Buchsbaumbüsche

Es ist eine der süßesten Erinnerungen meines Lebens, wenn ich an die Weihnachtsabende denke, die ich mit meinen Geschwistern, meinen Eltern, dem ganzen Hause feierte. An dem Tage ließen meine Eltern auch das Gesinde nicht leer ausgehen; die letzte Magd musste sich freuen, denn es herrschte im Hause die Empfindung: „Das Heil ist unser aller!" [...]

Aber welch ein Anblick, wann nun die süße Stunde schlägt, die Kinder gerufen werden und in die Kammer stürzen! Die grünen, mit hundert bunten Kerzen behangenen Buchsbaumbüsche, welche die Früchte der Jahreszeit, Äpfel, Nüsse und Rosinen, verbergen und erleuchten, die schönen Puppen und Reiter und Schlitten und Wagen, unter denen man immer das Kindlein in der Krippe oder zierlich geschnitzt die Flucht nach Ägypten oder die Hirten oder die Weisen vom Morgenland mit dem schönen Stern findet, alles das ist mit frommer Weisheit ersonnen und zeuget von der edlen Einfalt und Herzlichkeit unserer Väter.

FRIEDRICH LEOPOLD GRAF ZU STOLBERG

Es spricht Manches dafür, dass der Graf die „mit bunten Kerzen behangenen Buchsbaumbüsche" bereits in Bramstedt gesehen hat. Denn die Sitte dieser Weihnachtsdekoration könnte – vom Hannoveraner Hof ausgehend – über das Stammschloss der Stolbergs in Wernigerode im Harz oder über andere niedersächsische Adelsfamilien bis zu der Familie Stolberg in Bramstedt gedrungen sein. Für einige Jahre war die junge Liselotte von der Pfalz – das ist Elisabeth Charlotte Herzogin von Orléans, geb. Prinzessin von der Pfalz (1652–1722) – bei der Schwester ihres Vaters Prinzessin Sophie von der Pfalz (1630–1714) groß geworden, um aus den Ehestreitigkeiten ihrer Eltern herausgehalten zu werden. Hier lernte das junge Mädchen zum Weihnachtsfest die mit brennenden Kerzen sowie mit silbernen und bunten Bändern geschmückten Buchsbäumchen kennen, welche die Tante möglicherweise aus ihrem Elternhaus, dem Heidelberger Schloss, übernommen hatte. So schreibt die ältliche Liselotte in einem Brief aus dem Jahre 1711 an ihre Tante Sophie:

„[...] erinere ich mich woll, wird das christfest 3 tag gefeyert.[...] Ohne zweyffel wirdt der bucksbaum nicht vergessen gewesen seyn bey der Churprintzess kinder, woran man die lichter steckt."

In einem dritten Dokument wird ein weiterer früher Christbaum aus dem Landesteil Holstein erwähnt. Auf der „Breitenburg", die seit über 500 Jahren (mit Unterbrechungen) im Besitz der Grafen zu Rantzau war und immer noch ist, lässt im Jahre 1765 die junge Gräfin Friederike Louise Amoene (geb. Castell-Remlingen, 1732–1802) zur Freude ihrer Kinder drei mit Kerzen besteckte Tannenbäume errichten, wie ihr Gemahl Friedrich Graf zu Rantzau aus dem Hause Ahrensburg (1729–1806) im Jahre 1765 gerührt in seinem Tagebuch vermerkt:

„[...] d. 24ten [Dezember] war Weihnachten Abend, da meine Frau sich eine große Fete daraus machte, mir und den Kindern bei Erleuchtung ihrer Stube mit allerhand zu beschenken, da sie den[n] unter anderen mir eine echte ZobelMuffe gab, den Kindern aber sehr Vielerlei, dabei sie 3 große Tannenbäume mit Lichter besteckt und solche angezündet hatte, so einen sehr guten Effekt machte.
Mich aber wunderte, dass sie alles hierzu Gehörige so verschwiegen und fast alles alleine gemacht hatte.
Unseren sämtlichen Leuten, Männchen und Weibchen, gab sie 2 Mark und einige Kuchen."

Amoene, die im Fränkischen bei Bamberg geboren worden war, hatte die Sitte des Tannenbaumaufstellens aus ihrer Heimat mitgebracht. Nadelbäume und sogar ihre Saat waren in Holstein zu der Zeit noch eine kleine Kostbarkeit. Man konnte in der Breitenburger Gegend nur auf sie zurückgreifen, weil bereits ein Vorfahre – der gebildete und vermögende Heinrich Graf zu Rantzau (1526–1598) – den Grundstock dafür gelegt hatte, Tannensamen für viel Geld erworben und große Waldgebiete auf der hohen Geest zwischen Itzehoe und Kellinghusen damit eingesät hatte. Eine Stele bei Winseldorf erinnert noch heute daran.

Zu dieser Zeit sah Schloss Breitenburg nicht so stattlich aus wie heute. Im Dreißigjährigen Krieg hatten die Truppen Wallensteins und später die Schweden unter dem Feldherrn Lennart Torstensson (1603–1651) furchtbar darin gehaust. So lebte das junge Paar, das seit 1761 verheiratet war, noch in einem zugigen feuchten Nebenhaus, da für einen Neubau keine finanziellen Mittel da waren. Amoene hatte nach dem Tode ihres Bruders die Herrschaft Breitenburg nach ihrer Mutter und ihrer Großmutter Katharina Hedwig Gräfin zu Castell-Rüdenhausen (geb. Rantzau) in die Ehe eingebracht. Ihre Mutter Friederike Eleonora, eine geborene Gräfin zu Castell-Rüdenhausen, war wiederum die Tante der Stolberg-Geschwister, denn die Schwester der Friederike Eleonore war Christiane Charlotte Friederike Gräfin zu Stolberg-Stolberg (geb. Gräfin zu Castell-Remlingen). Die Stolbergs hatten jedoch keinen Anspruch auf die „Breitenburg", da Christiane Charlotte Friederike von ihrer Mutter aus religiösen Gründen enterbt worden war.

Von der „Breitenburg" aus hat sich die Gepflogenheit, einen Lichterbaum zum Weihnachtsfest aufzustellen, auf andere Herrenhäuser in Holstein, Schleswig und dem dänischen Mutterland auf Fünen und Seeland sowie Nordjütland ausgebreitet.

Im Wandsbeker Schloss wurde dann, 31 Jahre nach den ersten Tannenbäumen auf der „Breitenburg", ein weiterer Weihnachtsbaum aufgestellt. Zeitdokumente hierfür sind allerdings nicht vorhanden. Vielmehr hat nur Clément Theodor Perthes (1809–1867), ein Sohn des Verlegers Friedrich Christoph Perthes (1772–1843) und Professor der Rechtswissenschaft in Bonn, im Jahre 1848 ein Erinnerungsbild an seinen Vater und seine Mutter Caroline (geb. Claudius, 1774-1821) veröffentlicht. Darin schildert er, wohl auf Familienerzählungen basierend, wie sein Vater der jungen Caroline (einer Tochter des Matthias Claudius aus Wandsbek) in geselliger Runde auf dem Wandsbeker Schloss am Heiligenabend des Jahres 1796 vom geschmückten Tannenbaum einen vergoldeten Apfel pflückte und damit seine Zuneigung demonstrierte. Gastgeber war der Goethefreund Friedrich Heinrich Jacobi (1743–1819), der sich zu diesem Zeitpunkt auf der Flucht vor den französischen Revolutionstruppen in Norddeutschland befand. Über die weihnachtliche Liebesgeschichte zwischen Friedrich Perthes und Caroline Claudius berichtet der Sohn Clément Folgendes:

Weihnachten auf dem Wandsbeker Schloss

Es war am 27. November 1796, als Perthes zum ersten Mal Caroline im Hause ihrer Eltern sah. „Ihr helles Auge", schrieb er, „ihr grader, klarer Blick gefiel mir, ich war ihr gut."

Einige Wochen später, am ersten Weihnachtsfeiertage, hatte er den Mittag bei Caroline Rudolphi, der Vorsteherin der bekannten Erziehungsanstalt, mit Jacobi zugebracht und von diesem die Einladung erhalten, am Abende der Weihnachtsbescherung beizuwohnen. Auf dem Wandsbeker Schlosse, welches Jacobi damals bewohnte, fand Perthes unter den anderen Gästen auch Claudius und dessen ganze Familie. Der Zufall führte ihn, bevor der Festsaal geöffnet ward, mit Caroline allein in einem Nebenzimmer zusammen; kein Wort hatte er zu sagen, aber ihm war so unaussprechlich stille und wohl in seinem Herzen, wie er es noch nie gewesen war. Die Weihnachtsfreude begann, aber Perthes sah nur den Ausdruck stiller Freude, die in Carolines Zügen sich ausprägte. Diesem Mädchen schien nach seiner Meinung das Beste zu gehören, was der Abend darbot, und dennoch glaubte er zu bemerken, dass das Geschenk der jüngeren Schwester schöner sei, als das ihrige; aber hoch oben an dem Weihnachtsbaume hing ein Apfel, so schön, so kunstreich vergoldet wie kein anderer. Den holte er plötzlich mit halsbrechender Kunst herab und dunkel errötend gab er ihn zur nicht geringen Verwunderung

der Anwesenden dem ahnenden Mädchen. Nun hatte sie doch eine Weihnachtsgabe, wie kein anderer sie haben konnte. Von diesem Abend an erging es Perthes und Caroline, wie es Allen ergeht, die des Lebens Leid und Lust gemeinsam als Mann und Frau erfahren sollen.
CLÉMENT THEODOR PERTHES

Auch in bürgerlichen Kreisen in der Umgebung der „Breitenburg" entwickelte sich alsbald die Sitte des von Kerzen erhellten Weihnachtsbaumes. So brachte der Holsteiner Martin Gottlob Lehmann (1775–1856), der im Pastorat seines Vaters, des Theologen Johann Gottlieb Lehmann (1735-1807) in Haselau aufwuchs, später dänischer Kanzleirat wurde und die Kopenhagener Bürgermeistertochter Frederike Louise Bech heiratet, den Weihnachtsbaum in die dänische

Hauptstadt. Er stellte ihn dort 1811 für seinen Sohn Orla (1810–1870) auf, den späteren Juristen, der eine bedeutsame Rolle in der Landespolitik spielen sollte.

Über andere Pastorate und weitere bürgerliche Häuser wurde der Weihnachtsbaum in Schleswig und Holstein bekannt, wenn auch teilweise recht zögerlich.

In Itzehoe wurden – zumeist in wohlhabenden Familien – Tannenbäume mit Kerzen in den Jahren 1820 und 1830 vermerkt. In dem kleinen Ort Gettorf in der Nähe von Kiel soll 1824 ein Lichterbaum aufgestellt worden sein, ebenso in Rendsburg schon in den 1820er-Jahren. 1842 stand in einigen Haushalten in dem großen Kirchdorf Bordesholm ein Baum. Auf der Insel Fehmarn war kurz nach 1850 im Pastorat des Vaters der Dichterin Charlotte Niese (1854–1935) in der Stadt Burg ein geschmückter Christbaum zu bewundern. In dem Elternhaus des Schriftstellers und Theologen Gustav Frenssen (1863–1945, Autor des seinerzeit berühmten Romans „Jörn Uhl") in Barl (Dithmarschen) hatte in dessen Kleinkinderalter der Tannenbaum hingegen noch nicht Einzug gehalten. Denn Gustav Frenssen erinnerte sich später in seinem „Lebensbericht", dass die Sitte des Tannenbaumes damals noch nicht allgemein bekannt war und in seinem Elternhaus noch nicht gepflegt wurde, wohl aber im Pastorat des Dorfes. Hier bewunderte er den „bunten, blitzenden Baum".

Flächendeckend wurde der Weihnachtsbaum erst nach dem Deutsch-französischen Krieg im Lande bekannt, denn die schleswig-holsteinischen Soldaten brachten die Sitte aus dem Krieg mit.

Um ihn möglichst lange frisch zu halten, pflanzte man ihn mitsamt seinen Wurzeln in eine mit Erde gefüllte Tonne. Nachdem man ihn auch in die Grifföffnung eines Holzschemels geklemmt hatte, erfand man dann den gusseisernen Tannenbaumfuß, reichlich ornamentiert und so schwer, dass der Baum damit nicht umkippen konnte. Ein kluger Mann machte das Maß der Erfindung um 1900 voll, indem er eine Walze darin integrierte, sodass sich der Baum zum Entzücken Aller langsam drehte und hierzu eine festliche Melodie abgespielt wurde. Das war die Krone der Feierlichkeit! Doch mit diesem seinerzeit hoch technisierten Wunderwerk kann auch Übles passieren:

Der Tannenbaumfuß

Um einen Weihnachtsbaum standfest im Wohnzimmer zu installieren, bedarf es eines stabilen Weihnachtsbaumfußes. In einer Dezemberausgabe einer Zeitung las ich folgende Episode, die allen Technikfreaks zur Warnung diente sollte:

Ein Familienvater entdeckte beim Aufräumen des Dachbodens einen verstaubten Weihnachtsbaumständer, der aus dem Nachlass seiner Großeltern stammen musste und an den sich niemand mehr erinnerte. Als er ihn genau betrachtete, bemerkte er daran einen Schlüssel und drehte an diesem. Darauf setzte sich im Inneren eine Walze in Betrieb. Es erklang das Lied „Oh du fröhliche ..." und hierzu drehte der Ständer sich langsam und gravitätisch um sich selbst, bis die Feder abgelaufen war und das Lied verstummte. Der Vater war entzückt. Das würde eine Überraschung für die ganze Familie werden! Vielleicht würde sich seine alte Mutter, die zum Christabend aus der Seniorenresidenz geholt werden würde, wieder an ihre Kindertage erinnern. Da war das gute Stück gewiss noch in Gebrauch gewesen. Er entrostete den Ständer heimlich in seinem Hobbyraum, setzte sicherheitshalber eine neue Feder ein und versah ihn mit einem neuen, dunkelgrünen Lackanstrich. Er sah nun wie frisch gekauft aus.

Am Heiligen Abend, bevor die Familie sich an den Esstisch zum obligaten Weihnachtsbuffet setzte, löste er die Sperre am Tannenbaumfuß und zog die Feder auf. Zur allgemeinen Begeisterung drehte sich der gesamte Weihnachtsbaum. Die Kerzen leuchteten und die gläsernen Kugeln blitzten im Schein des Lichtes. Dazu spielte die Walze „Oh du fröhliche ..."

Der Großmutter kamen die Tränen. „Wenn das meine Eltern erleben würden! Was wären sie gerührt. Ihr hier alle, du und deine Frau, die beiden Kinder und ich ... Was wäre das doch schön!"

Still und ergriffen schaute die Familie auf den sich hoheitsvoll drehenden Baum. Plötzlich waren ein Schnarren sowie ein Knacken zu hören und der Baum begann, sich stürmischer zu drehen. Nur bruchstückhaft war das alte Weihnachtslied zu vernehmen, da auch die Musik immer schneller wurde. Alle saßen wie erstarrt da. Zuerst fasste sich die Mutter und rief: „Jürgen, nun tu doch etwas!" Aber der Vater blieb wie versteinert stehen. Immer rasender wurde der Baum. Die ersten Glaskugeln flogen von den Zweigen und sausten wie kleine Geschosse in Richtung des kalten Buffets, wo sie an den Tellern und Schüsseln zersprangen. Die kleinen Flammen wehten wie Fähnchen hinter den Kerzen her. Und die Großmutter bekreuzigte sich und rief: „Wenn das meine Eltern erlebt hätten!" Nun löste sich die silberne Tannenbaumspitze, bewegte sich kometengleich durch das Wohnzimmer, klatschte gegen den Türrahmen und pickte den Dackel in den Rücken, der jaulend in die Küche floh. Lametta und Engelshaar erhoben sich aus den Zweigen und schwebten mit großem Tempo, wie die Ketten eines Karussells, hinter den rotierenden Ästen her.

Der Vater rief: „Alles in Deckung!" Mutter und Kinder suchten Schutz hinter dem Sofa. In stoischer Ruhe blieb die Großmutter in ihrem Sessel sitzen und konstatierte nur trocken: „So muss es gewesen sein, als Euer Großvater als junger Mann im Ersten Weltkrieg in den Ardennen in feindliches Artilleriefeuer geriet!" In diesem Augenblick traf ein Zapfen aus brauner Schokolade ihren Mund und zerbrach. „Ah, Kirschwasser!", registrierte sie. „Donnerwetter, Ihr habt Euch den Baumschmuck ja etwas kosten lassen!" Und sie schleckte genüsslich die Schokolade und den süßen Inhalt auf.

Bevor der Vater noch zum Telefon robben konnte, um die Feuerwehr anzurufen, gab es im Baumständer plötzlich einen Knacks, die Musik verstummte und der Baum hörte ruckartig auf, sich zu drehen. Dann neigte er sich, als ob er noch zu viel Schwung hätte, auf die Seite und fiel auf den Esstisch, mitten auf die liebevoll arrangierten Platten mit Roastbeef und Lachs, in die Kristallschüsseln mit Herings- und Hühnersalat. Die Mutter hätte weinen können! All die guten Zutaten ... und ihre Arbeit in der Küche! Doch ihre Schwiegermutter tröstete sie und erklärte: „Nun habt Euch man nicht so! Das essen wir trotzdem auf! Die paar Tannennadeln können uns ja wohl nicht schaden!" Und der jüngste Sohn meinte, nachdem er sich die weichen Überreste eines Fondant-Kringels aus dem Gesicht gewischt hatte: „Du, Papi! Das war ja geil! Machst du das nächste Weihnachten wieder?"

Doch nicht nur mit dem Tannenbaumständer, sondern auch mit dem festlichen Essen am Heiligen Abend kann Unangenehmes passieren. Früher war das Grünkohlessen, auch *Langkohl* genannt, mit deftiger Schweinebacke, Kassler und Kochwürsten ein beliebtes Mahl am 24. Dezember, besonders wenn draußen schon klirrende Kälte herrschte. Dann wärmte ein derartiges kalorienreiches Essen Leib und Seele.

In der Nähe der Kreisstadt Itzehoe ereignete sich in den 1950er-Jahren bei dem gut florierenden Schneidermeister Merkel folgendes Vorkommnis, das die Freude am 24. Dezember ein wenig einschränkte:

Gröne Wiehnachten

Gliks, wenn de eerste Frust sik an Enn vun Oktober oder Anfang November över dat Land un de Gordens breet makt, is Grönkohltied! Ok wenn man bi uns in Sleswig-Holsteen nicht vun „Palmen" snackt, so as int Oldenborgsche, Grönkohl is bi uns överall in Norden wat ganz Besönners. In gesellige Runn dröppt man sik in düsse kole Jahrstied in mennig Hüser: in Kroog oder ok privat, ümmer in „Saken Grönkohl".

Int Oldenborgsche eet se dat mit „Pinkel", bi uns mit Swiensback, Kassler un Kokwust. In de Bremer Gegend bummelt de Lüüd sik den „Verdauuungsköm" al vört Eeten üm ehrn Hals, bi uns gift dat achteran een ut'n Buddel!

Dat, mit de Swiensback un de Kokwüst is ja recht son Kalorienbomb un dorto denn ok noch de lütten söten Bratkartüffeln – aver dat smeckt so god! – Annerswo ward de Grönkohl mit Gooskühl'n äten – dat is aver nich unsen Geschmack vun Swiensback!

In de Föftigerjahrn wer dat, as Sniedermeister Merkel in de Neeg vun Itzehoe sin Werkstett dicht makt har. Sien 14 Geselln un Lehrjungs haln nu ok Wiehnachten. Merkel sin Frau rumor vör dull in de Köök rüm un de fine Damp vun Grönkohl trock dörch dat ganze Huus. In de gode Stuv wer de Disch mit een schneewitt Damastdook deckt, dat gearvte Sülverbesteck, dat gode Ätgeschirr un de Kristallglös vun Oma für den Rotspon – nix wör vergeten. Merkel un sin beiden Döchter haln ton Fröhstück ni recht wat kregen un haln nu Hunger.

De Dag wer genau plaant. To Kaffeetied schull dat Klöben un brune Koken geben un för abends sölbstgemakten Heringssalat mit weniger Fisch, dorför mehr Kalfsfleesch.

Avernu keem Frau Merkel eerstmal mit'n grote Terrine vull Grönkohl na Stuv rin, den Deckel hal se in de Kök laten, denn de Kohl wer so hitt, kunn gern n'lütt beeten affköhln. Kakwust, Kassler un Swiensback stüng'n al op'n Disch. Merkel un de beiden Deerns repen „Ah!", as dat över ehr an de Dääk ganz merkwürdig anfüng to knartschen. Mit'n Mal löös sik de grote Lüster mit dat gehämmerte Marienglas vun baben un plumps mit Gepulter jüst rin in de Grönkohlterrine. De

Kohl sprütt na all Sieten, op de Damastdeck, de Deerns int Gesicht, verdeel sik in den Rotspoon un op Merkels Schlips und Krogen un Modder Merkels Sünndagskleed. Dat se ut, as wenn een Koh an Schließmuskel-Katarrh lieden düng. Oh man, oh man!

Dat duur een lütten Stünn, bet de Deerns un de ollen Merkels sik wuschen haln un in nige Kladaasch rinkladdert wern. Aver Frau Merkel behöl de Översicht na dat Spektakel: De Disch in de god Stuv wör affrüümt, Omas Häkeldeeck roppleggt, de Rest vun den Grönkohl keem in'n Putt, wörr nochmal oppwarmt (denn schmeckt he ja sowieso eerst richtig god), Swiensback, Kassler un de Wüst ok un denn eeten se alltohop in de Köök. „Gröne Wiehnachten"!

ELKE DAMMANN

Fröhliche Weihnacht überall!

Weihnachtsabend

Tief liegt der Schnee auf allen Wegen,
Die Sterne funkeln voller Pracht,
Leis kommt geschritten, wie ein Segen,
Das Christkindlein in tiefer Nacht.

Unter seinen heil'gen Füßen,
Da blühen Rosen leuchtend auf,
Viel Flügel hört man rauschend grüßen,
Die Englein kommen all zu Hauf.

Mit süßem, freudevollem Singen
Begleiten sie das heil'ge Kind,
Und horch, die Weihnachtsglocken klingen
Von Turm zu Turm im Abendwind.

Das Christkind kommt so still gegangen,
In seiner kleinen, heil'gen Hand
Trägt es die Gabe, die mit Bangen
Ersehnt das dunkle Erdenland.

Bringt uns mit süßer Huld Gebärde
Des ew'gen Vaters Herz zurück,
O Christkindlein, dein Gang zur Erde,
Bringt er auch mir ersehntes Glück?

Horch, wie die Glockentöne quellen
Aus tiefer Nacht, weit übers Land,
Ich knie auf meiner Türe Schwellen
Und falte betend meine Hand. –

Denn auf den schneebedeckten Wegen,
Im funkelhellen Sternenschein,
Kommt leis geschritten, wie ein Segen,
Das Christkindlein zu mir herein!

Und als es ging – die Weihnachtsgabe,
Lag mir zu Füßen in der Nacht –
Krönlein und Kreuz …! O sel'ge Habe,
Die mir das Christkindlein gebracht.

ADELINE GRÄFIN ZU RANTZAU

Die Verse der auf dem Gut Rastorf bei Preetz geborenen Adeline Gräfin zu Rantzau (1867-1927) mögen dem Leser heute ein wenig sentimental erscheinen. Doch aus dem Zeitgeist heraus – sie erlebte die Wilhelminische Epoche – sind sie verständlich. Die Autorin, über die so gut wie nichts bekannt ist, hat zahlreiche Romane, Novellen und Gedichte verfasst. Viele davon sind noch antiquarisch erhältlich. Ein letzter Roman erschien wenige Jahre nach ihrem Tode in dem Neumünsteraner Wachholtz Verlag. Vielleicht ist die Beschäftigung mit ihr reizvoll, zumal Schleswig-Holstein nicht allzu viele Schriftstellerinnen aufzuweisen hat. Ob sie auch die ostholsteinische Landschaft ihrer Heimat und Weiteres zur Weihnachtszeit in ihr literarisches Werk eingebracht hat, gilt es noch zu erforschen.

In eine andere Region, sozusagen als Kontrastprogramm zur lieblichen Landschaft um die alte Klosterstadt Preetz, führt die Beschäftigung mit der winterlichen Atmosphäre an der Nordsee:

Winter an der Nordsee, Weihnachten an der Nordsee, Silvester an der Nordsee … Viele fröstelt es bei diesem Gedanken und sie denken nur an eisigen Wind oder gar Sturm, vermischt mit durchdringendem, kaltem Regen, der einen erst gar nicht vor das warme Haus treten lässt, der einem die Tür aus der Hand schlägt, gegen den weder handgestrickte Wollpullover, noch Pudelmützen, Anoraks aus Fell, warme Unterhosen, Nierenwärmer, Leggings, Stulpen oder dicke Pelzstiefel helfen. Sie denken nur an überfrorene *Fennen* (Wiesen), vereiste Watten, kahles Gestrüpp, das den Vögeln keinen Schutz bietet, Schnupfen, Husten oder gar eine Lungenentzündung, klamme Betten und zugige Fenster, Schafe, die in ihrem wolligen, dicken Pelz auch des Nachts draußen im Schnee liegen müssen und jeden Tierfreund erbarmen. Sie denken vielleicht sogar an Stromausfall und Landunter, Eisschollen auf der Nordsee und die Einstellung des Schiffsverkehrs zu den Inseln und Halligen sowie das Erfordernis eines Abtransportes per Rettungshubschrauber.

Und wenn sie etwas positiver eingestellt sind, denken sie vielleicht an einen heißen Grog oder auch zwei (am besten schon zum Frühstück), einen flackernden dänischen Kamin oder gleich an ein mit Heizkissen vorgewärmtes Bett, in das man sich am liebsten 24 Stunden lang zurückzieht.

Die Anderen sind begeistert, schwärmen davon, sich den „Wind um die Nase wehen" zu lassen, vom Spritzen der Brandung am Deich, von sternklaren Winternächten, rotglühendem Himmel, wo die Engel in der Vorweihnachtszeit den Stuten für den *Wiehnachtsmann* backen, von gemütlichem, aromatischem Teepunsch, den man gerne mit einem kräftigen Schuss *Gehlem* oder *Wittem Kööm* genießt, nebst heißen Pförtchen, die man vor jedem Biss in eine Untertasse voll Zucker stippt, oder goldgelben Waffeln, mit und ohne Kirschkompott, nebst Schlagsahne. Sie schwärmen von viel uriger Geselligkeit unterm tiefgezogenen, kuscheligen Reetdach, einer Ferienwohnung in blau-weißem friesischen Stil, Heiligabend in einer alten, mit Kerzen und Tannen geschmückten Inselkirche, Deichspaziergängen hoch über dem im Mondlicht glitzernden Watt, von Gänse- oder Entenbraten mit und ohne Rotkohl sowie viel Wärme und Geborgenheit. Dazu gehören auch Stunden des Lesens, vielleicht in aufgeschlossener Runde auch des Vorlesens. Niemand eignet sich hierfür besser dazu, als die Dichter der Heimat. Schaut man dann durch die mit weißen Gardinen verhängten Sprossenfenster hinaus in die winterliche Landschaft, öffnet sich uns ihre Welt, ihre Winterwelt, manchmal bedrohlich, aber auch ungeahnt gemütlich – oder wie man im 19. Jahrhundert sagte – behaglich.

Die Behaglichkeit der Nordseelandschaft zwischen Deich und Siel möge sich auch dem Leser eröffnen und ihm diese reizvolle Region, die mit dem Nordfriesischen Wattenmeer weltweit ihresgleichen sucht, so attraktiv erscheinen lassen, dass er beschließt, sofern er nicht bereits schon hier lebt, einige Wintertage zwischen Advent und

Neujahr „hinter Deich und Siel" zu verbringen. Es lohnt sich, für den Leib und insbesondere für die Seele.

Überall im Lande wurde das Weihnachtsfest ein wenig anders gefeiert. Zahlreiche Schriftsteller, Dorfchronisten und schlichte Zeitzeugen berichteten darüber, wobei es auffällig ist, dass man an der Westküste und in Angeln eher zum Schreibzeug griff, als auf der mageren Geest oder im holsteinischen östlichen Hügelland.

Südlich von Nordfriesland, mit Nordseeanbindung, liegt die ehemals freie Bauernrepublik Dithmarschen mit ihrer größten Stadt Heide. Hier wurde der niederdeutsche Autor Klaus Groth (1819–1899) geboren. Er war ein Zeitgenosse des Husumer Dichters Theodor Storm und ist trotz der Bemühungen der Klaus-Groth-Gesellschaft ein wenig aus der Mode gekommen. In den Jahren der Erhebung Schleswig-Holsteins gegen Dänemark um die Mitte des 19. Jahrhunderts traf aber seine niederdeutsche Sammlung von volkstümlichen Liedern und Gedichten „Der Quickborn" genau den politischen Zeitgeist und machte ihn rasch berühmt. Er spürte darin der Volksseele Dithmarschens nach, seinen heimatlichen Lebensgewohnheiten, Festen, Sagen, bis hin zum Essen und Trinken und setzte „dem Land seiner Väter" damit ein literarisches Denkmal. Seine Kindheit verbrachte Groth in „Lüttenheid", einem Vorort des Städtchens Heide. Dort war sein Vater selbstständiger Müller. Zusammen mit den Geschwistern, der Stiefmutter sowie den Großeltern erlebte der Junge eine schlichte, aber harmonische Kindheit.

Und welche Rolle spielte bei ihm das Weihnachtsfest? Ist das etwas Besonderes? Unterscheidet sich hier das Fest von dem Fest in anderen Regionen und in anderen Familien? Ist es so strahlend wie bei dem etwa einhundert Kilometer entfernt lebenden Kind Theodor Storm, dem ein Weihnachten in der ersten Hälfte des 19. Jahrhunderts über alles ging? Dessen Weihnachtstage in der Husumer Hohlen Gasse Nr. 3, dem heute noch beeindruckenden Elternhause, erfüllten der Duft von Wachskerzen und Pfefferkuchen, weißen und braunen Kuchen, von aromatischem Tee und Punsch. Storms spätere Erinnerung beschreibt mehr als anschaulich die „Singe-Kinder", die für ihre Lieder heiße Pförtchen oder später auch Wasserkringel erhielten. Er wird es nicht müde, den geschmückten Tannenbaum, überreich behängt mit Streifen von „Knittergold", Fähnchen aus „Flittergold", sorgfältig aus weißem Papier geschnittenen Netzen, gefüllt mit Süßigkeiten sowie vergoldeten Eiern, zu schildern, „die wie Kinderträume in den dunklen Zweigen hängen". Eine geheimnisvolle, unbeschreiblich schöne Atmosphäre voll Kinderseligkeit, die den Husumer Dichter bis in sein Erwachsenenleben trugt, machte sich dann auch beim Leser breit. Man möchte den erwartungsseligen Knaben durch die alten Hinterhöfe der Hafenstadt begleiten, um einen alten Onkel, der Jahr für Jahr die Storm-Kinder mit „märchenhaftem Zuckerzeug" aus Hamburg überraschte, von seiner Schreibarbeit zu befreien.

Groth schien im Gegensatz zu Theodor Storm von dem Christfest nicht sehr berührt worden zu sein. Er gehörte zweifelsfrei einer schlichteren sozialen Schicht an als Theodor Storm, auch wenn die Eltern ihr Auskommen hatten und nicht zu den Armen der Stadt rechneten. Großartige Weihnachtserinnerungen aus der Kindheit finden sich aber bei dem Dithmarscher nicht. Und doch muss auch er als Kind etwas Festlich-Erhebendes empfunden haben, das er uns nur leider nicht in Einzelheiten darstellt. Denn noch im Jahre 1865 schreibt er, nunmehr wohlbestallter Familienvater in Kiel, an die etwas ältere Gardinger Freundin und Verehrerin Louise Petersen (1814–1895) in dem alljährlich obligaten Weihnachtsbrief:

„Wenn Weihnachten kommt, habe ich immer melancholische Schauer. Wenn ich nur jemand aus der Marsch hier hätte, scheint mir, dann würde es nicht so sein. Man muss doch irgendeinmal im Jahr empfinden, wie man zu Haus empfand. Wenn Sie nur Weihnachten bei uns wären!"

Das klingt nach Heimweh – Heimweh nach unbeschwerten Weihnachtstagen in Lüttenheid oder einfach Heimweh nach der verlorenen Kindheit, deren Höhepunkt auch bei ihm das jährliche Weihnachtsfest gewesen sein mag. Obgleich der Knabe Klaus viele Jahre lang die Vorweihnachtszeit und die eigentlichen Festtage in seinem Elternhaus erlebte, schlugen sie sich in seinem literarischen Werk nur recht sparsam nieder. Zum Weihnachtsfest war er offenbar innerlich auf eine gewisse Distanz gegangen. Das bestätigte er später auch selbst, indem er einen Tag vor Weihnachten im Jahre 1858 seiner Braut Doris Finke (1830–1878) schrieb, der kultivierten Kaufmannstochter aus wohlhabender Bremer Familie: „Zum ersten Male nach langen Jahren freue ich mich selbst zu dem Kinderfeste." Das macht stutzig und verblüfft. Waren die Weihnachtstage im Elternhaus Groth nicht das, was man hinlänglich von ihnen erwartet, ein Fest der vollkommenen Kinderseligkeit?

In einem titellosen Liebesgedicht erfahren wir etwas davon, wie es denn wohl im Hause Groth in vorweihnachtlichen Mußestunden zuging: Man knackte Haselnüsse, die man im Herbst gewiss selbst gesammelt hatte, aß gekaufte Pfeffernüsse in Ermangelung eines eigenen Backofens und stellte einen großen Kuchen her, den man beim Bäcker gar werden ließ:

> *Min zuckersöt Suschen, wat wullt du di grämn?*
> *Kumt Wihnachten wedder, so will ik di nemn!*
> *Wüllt Pepernoet kopen un Hasselnoet knacken,*
> *Un so'n groten Koken ut Deeg wüllt wi backen!*

Auf die ländlichen Freuden der Jagd verweist der Dichter dann in seinem Gedicht „Drees". Der bekannte Illustrator Otto Speckter (1807–1871) lieferte hierzu die winterliche Illustration: Der Schnee liegt kniehoch, was in Dithmarschen aber eigentlich nicht das Übliche ist. Die Bäume sind im Raureif erstarrt, das Eis kracht und die Wiesen sind grau, soweit man sie unter dem Schnee sieht. Die Männer stülpen sich die wollene Pudelmütze über die Ohren und die gestrickten Fausthandschuhe über die Finger, ergreifen ihr Gewehr und begeben sich auf die hohe Geest am Rande Dithmarschens und ins Moor, um zu jagen. Währenddessen sitzen nur die Schwächlinge zusammen mit den Frauen in der Stadt hinterm warmen Ofen, lesen Zeitung oder ein Buch, trinken heißes Eierbier, Tee oder im „Landschaftlichen Haus", dem kommunalen Zentrum, Grog, spielen L'hombre oder Whist und politisieren.

Drees

Inn Winter, inn Winter, denn knackert dat Is,
De Böm hangt vul Rip, un de Koppeln sünd gris,
Denn nehm ik min Scheetprügl un slenker to Lann',
Umme Ohren de Pudelmütz un Fusthannschen an.

Frenz Buhmann hett Eierbeer, de Kachlabnd is hitt,
De Sünn schint int Finster, dat Feld is so witt:
Dar knappt wat inn Krattbusch – wat gift dat en Schall!
Frenz, gev mi de Büß, dat ik doch mal knall!

Oppe Geest is dat lusti! All' Dag oppe Jagd!
Dat Hart springt asn Hund, wenn de Knappbüssen kracht!
De Has' schütt koppheister, dat Blot spritt in Snee,
De Bom schütt den Griskopp, as de em dat weh.

Doer Moor un doer Wischen, likoewer, likan,
Doer Strünk un doer Rüschen, de Stakbusch voeran!
De Snee is so witt, und dat Is is so blank!
Ik glitsch s'en Dampwagn de Gröben hentlank.

Sitt jüm inne Heid bi jüm Zeitung un Bok,
Drinkt Thee mit de Frunslüd, int Landschopshus Grog
Un redt Politik un spelt L'hombre un Whist:
Ik lach na den Narrnkram, min Flint inne Füst!

Heff Knaken as Isen, en Magn as en Perd,
Bün weli as'n Taet mit't Leid ünnern Steert!
Sla'k mal ut'n Swengel, ik kam wul int Spor:
Hurrah, doer den Krattbusch, doer Wischen un Moor!
                                                KLAUS GROTH

Eine zauberhafte lyrische winterliche Impression ist Groths Gedicht „Dat Dörp in Snee". Speckter hat die Verse mit einer typischen bäuerlichen Winterlandschaft versehen, die darauf schließen lässt, dass der Künstler sich in Schleswig-Holstein studienhalber auch bei Eis und Schnee aufgehalten hat, um die Motive möglichst original- und landschaftsgetreu zu erfassen. Wenn das Gedicht auch keinen ausdrücklichen Bezug zu Weihnachten herstellt, so weckt es doch im Leser die Vorstellung von einer vorweihnachtlichen Gegend am Rande eines Dorfes an der Westküste, bei der auch die Weihnachts- oder Silvesterjagd zu dem Brauchtum dieser Jahreszeit gehörte.

Dat Dörp in Snee

Still as ünnern warme Dek
Liggt dat Dörp in witten Snee,
Mank de Ellern slöppt de Bek,
Ünnert Is de blanke See.

Wicheln stat in witte Haar,
Spegelt slapri all de Köpp,
All is ruhi, kold un klar
As de Dod, de ewi slöppt.

Wit, so wit de Ogen reckt,
Nich en Leben, nich en Lut;
Blau na'n blauen Heben treckt
Sach de Rok na'n Snee herut.

Ik much slapen as de Bom,
Sünner Weh un sünner Lust,
Doch dar treckt mi as in Drom
Still de Rok to Hus.

Klaus Groth

Aber der Dichter schuf schließlich doch ein Weihnachtsgedicht und veröffentlichte es im „Quickborn":

Wihnachnabnd

Dat is en scharpen Wihnachnabnd!
Greetdort, kiek mal na'n Kachelabnd!
Grotvader früsst uns sunst noch dot,
Em ward vor Küll de Näs al roth.

Och, lat He nu de Weeg man stahn!
He schull man hier nan Laehnstohl gahn! –
Sieh so! Nu is de Stuuv al rein
Un fehlt der nix, as Sand to strein.

De Finstern tuckt un muckt sik ni,
Wi moet noch rein mit't Fürfatt bi!
Wa knarrt de Sne! Wats dat vor Een?
De Frost makt idel flinke Been.

Dar kümmt de Sünn! Se's füerroth!
Wenn de man hölpt, so heft keen Not.
Süh an! De Ecken schint al blank
Un drippelt oppe Finsterbank.

De Böm hebbt all ehr Winterkleed,
Dats witt, so wit de Ogen seht.
Man blot de Bek int Wischenland
Is as en Spegel an de Wand.

De Armn sünd richti al to Gang:
De Nachts ni warm liggt, slöppt ni lang.
De lütten Dinger krupt so krumm
Mit Hanschen an un Döker um ...

Och, een lütt Seel fangt an to ween,
Dats rieht truri antosehn!
Un so unschülli un so smuck,
Vor Mitlidn ward dat Hart Een buck.

De Wächter hett sien Stutenaarn –
De ward ok öiler mit de Jahrn.
Sin Festleed bevt de Strat hentlank,
As sung he Sülm sin Graffgesank.

Wenn he hier rinkumt mit sin Korf,
So fragt em mal na Holt und Torf
Un gevt em man en Stuten mehr,
Wennvt wul de letzte Wihnacht weer!

De Tid geit rascher as en Drom:
Eerst krigt wi sülm en Wihnachtsbom,
Denn kamt uns Kinner an de Reeg,
Denn sitt Grotmoder bi de Weeg.

Un ehr wi opkikt, sünd wie old,
Un ehr wi umseht, sünd wi kold,
Un Wihnachn kumt un geit inn Draff:
Uns deckt de Snee int depe Graff.

KLAUS GROTH

Der Weihnachtsbaum scheint lange allgemein noch keinen Einzug in Dithmarschen gehalten zu haben. Auch wenn Klaus Groth ihn in seinem Weihnachtsgedicht erwähnt. Dafür befand sich früher im Bestand des Heider Museums für Dithmarscher Vorgeschichte im Kieler Brandschutzmuseum in Molfsee ein mehrarmiges Holzgestell, das man mit Baumgrün umwickelt und mit Kerzen, Kugeln, Ketten aus Buntpapier und gebackenen Figuren geschmückt hat.

Andere festliche Gepflogenheiten wurden von einem unbekannten Verfasser in der Tageszeitung „Kieler Nachrichten" im Jahre 1912 beschrieben. Sie dienten vor allem der sozialen Fürsorge. Wurde noch in Groths Jugend der Nachtwächter – wie auch die Tagelöhner und Drescher – mit einem besonders gehaltvoll gebackenen Weihnachtsstuten beschenkt, so wurde dieser wachsame Mann, der den Ort in den dunklen Stunden bei einem überraschend ausbrechenden Feuer mit seinem Horn warnen musste, später – im Gegensatz zu Groths Kindheit – nicht mehr mit dem deftigen Gebäck, sondern mit Geld bedacht.

In dem Zeitungsartikel des unbekannten Autors wies er neben dem Stuten-Verschenken auch auf das „Sternsingen" hin, das noch im 19. Jahrhundert überall im Lande eine feste Institution war und der bedürftigen Bevölkerung ebenfalls dazu diente, ihr durch die Gabe von Naturalien und gelegentlich auch von etwas Geld ein kleines Zubrot zu verschaffen. Heute werden diese Sänger, die an einigen Orten nur aus Kindern, an anderen Orten auch aus Erwachsenen bestanden, durch den leider auch nur noch selten gepflegten *Rummelpott* abgelöst. Eine Zeitlang wurde dieses Umherziehen in einigen Regionen Schleswig-Holsteins sogar als unliebsame Bettelei angeprangert. Nicht so im alten Dithmarschen!

Dithmarscher Weihnachtsbräuche um 1860

Weihnachtsbrauch in Dithmarschen vor fünfzig Jahren: Acht bis vierzehn Tage vor Weihnachten stellten sich auf den Höfen Dithmarschens die sogenannten Sternkieker ein, um ihre Wünsche darzubringen. Willig und gern öffnete man ihnen, meistens Tagelöhnern und Arbeitern aus alten Ortschaften der Gegend, die auf einer Stange einen Stern trugen, die Tür. Ihr Singen und Sagen war ein Stück Poesie, das mit zu einer würdigen Weihnachtsfeier gehörte. Herr und Knecht, Hausfrau und Magd, besonders aber die Kinder eilten nach der „Lohdiele", um den Tönen zu lauschen, und nach freundlichem Gruß erklang es:

„Stern stehe still wohl über dies'm Haus;
Es schauet Herodias zum Fenster hinaus.

Wir wünschen dem Hausherrn einen goldenen Tisch,
auf allen vier Ecken gebratene Hühner und Fisch,
und in der Mitte ein Gläschen Wein,
soll des Hausherrn Gesundheit sein.
Und der Hausfrau eine goldene Kron'
Und zum künftigen Jahr einen jungen Sohn,
und der Tochter einen goldenen Kamm,
zum nächsten Jahr einen schmucken Mann."

Der Sang ist beendet, der Stern wird gedreht. Schnell eilt die Hausfrau nach der Kammer und füllt den Gästen zwei Schüsseln Mehl in den mitgebrachten Beutel. Hatte doch der Besitzer in der vorigen Woche extra eine Tonne Weizen nach der Mühle gebracht, die für die „Sternkieker" bestimmt war.

Das Mehl durfte aber nicht gebeutelt werden; so entsprach es dem alten Brauch. Dankbar verließen die „Barden" den Hof, um bei dem Nachbar den gleichen Kantus ertönen zu lassen.

Außer diesen Gästen stellten sich kurz vor dem Heiligen Abend auch die Tagelöhner und Drescher ein, um ihren „Stuten", der reich mit Rosinen und Korinthen gespickt war, abzuholen.

Von einem Landmann in Norderdithmarschen wird erzählt, dass er zum Weihnachtsfeste nicht weniger als 65 bunte Stuten verschenkte, die Pfeffernüsse, das Rauchfleisch und das Bargeld gar nicht gerechnet.

Endlich gehört auch noch der Nachtwächter zu den Weihnachtsgästen. Er „blus" seine wundervollen Töne nicht allein in dem Dorfe, wo man ihn als treuen Hüter der Nacht bestellte, sondern auch in den umliegenden Ortschaften. Sein Lohn war bares Geld. Als Meister auf dem Tuthorn galt vor fünfzig Jahren ein besonders hervorragendes Mitglied der Nachtwächterzunft, der Johann Konrad Schuldt in Deichhausen.

UNBEKANNTER VERFASSER

Eine heitere Begebenheit aus dem Dithmarschen des 20. Jahrhunderts erfuhr eine Landwirtsfamilie zum Weihnachtsfest, obwohl sie allen auch ein wenig peinlich war – zeigt sie doch überdeutlich die angeborene Sparsamkeit der Landbevölkerung:

Der Korsettumtausch

In Dithmarschen feiert man gerne, besonders in der trüben Jahreszeit, um die Tristesse des Winters zu vertreiben. Zu dem bodenständigen, realitätsbezogenen Menschenschlag, den Dithmarschen hervorbringt, gehört auch Telse Hansen. Sie brachte in jungen Jahren ihren väterlichen großen Bauernhof mit in die Ehe. Sonst hätte sie wohl ihren flotten Reimer vom Nachbarhof auch nicht bekommen. Denn geheiratet, gut geheiratet, wurden nur die Mädchen, die „Klei an de Fööt" hatten.

In der Adventszeit soll der große Jägerball in dem Landgasthof „Zum glücklichen Ochsen" starten. Natürlich wollen Telse und Reimer dort auch erscheinen. Schließlich ist der Landwirt nicht nur ein tüchtiger Bauer, der dem jüngsten Sohn immer noch tatkräftig im Betrieb zur Seite steht, sondern auch ein großer Nimrod vor dem Herrn!

Und Telse überlegt, was sie anziehen soll. Selbstverständlich ein langes Kleid! Das ist hier, besonders auf dem Lande, so Sitte. Sie probiert ihr altes vom vorletzten Jahr an. Das war sündhaft teuer und in einer Boutique für Abendroben im Nachbardorf erstanden worden. So viel Geld gibt sie nicht nur für *eine* Festivität aus. Diese Kosten müssen sich auch rentieren! Doch beim Anprobieren stellt sie fest, dass sie etwas zugenommen hat. Das glitzernde Gewebe sitzt einfach zu stramm über Bauch und Gesäß! Das sieht schlicht und ergreifend ordinär aus! Die zahlreichen Einladungen zu Kaffee und Kuchen in der Vorweihnachtszeit haben ihre Spuren hinterlassen. Abnehmen? – So schnell geht das nicht! Ein neues Kleid in einer größeren Konfektionsnummer kaufen? Das ist zu teuer und tut nicht not! Was ist, wenn sie im Frühjahr einen Diätkursus besucht und dann wieder abnimmt? Dann ist die neue Abendrobe wieder zu weit! Die Landfrauen bieten im neuen Programm gerade so etwas an. Also, ein neues Korsett muss her! Das ist die Lösung! Und sie wird in das Fachgeschäft in Heide gleich ihr Abendkleid mitnehmen und es dort anprobieren, über dem neuen „Darunter". Gesagt, getan. Nach einem ausgiebigen Bummel durch die kleinen Geschäftsstraßen, den sie praktischerweise mit dem Einkauf aller Weihnachtsgeschenke verbindet, zwängt sich Telse in dem Miederfachgeschäft in ein bildschönes Korsett aus schwarzer Spitze. Junge, Junge. Sie muss wirklich abnehmen, um wenigstens in Größe 46 zu passen. Das Ding nimmt ihr ja fast den Atem. Aber Eitelkeit muss Pein leiden, wie ihre Großmutter schon immer sagte. Und die sagte noch etwas anderes, allerdings recht drastisch, wenn die Nachbarsfrauen über eine zunehmende körperliche Fülle klagten und steif und fest behaupteten, gar nichts zu essen und dennoch unverständlicherweise zuzunehmen: „Der Wind treibt Berge zusammen, aber keine dicken Ä...!"

Auf dem Jägerball erscheint Telse am Arm ihres Mannes in dem schönen, alten Abendkleid, zwar nicht gerade rank und schlank, aber stattlich und überhaupt nicht unförmig. Das Tanzen ist allerdings nur in einer gemäßigten Gangart möglich, da sie befürchtet, aufgrund ihres eingeschnürten Magens sonst keine Luft zu bekommen und ohnmächtig zu werden. Am Morgen nach dem Event betrachtet Telse gedankenverloren das entzückende Korsett. Was soll sie nun damit? Bis zum nächsten Ball ist es noch eine lange Zeit. Und bis dahin hat sie gewiss zehn Pfund abgenommen. Dann würde das Ding nur schlabbern. Also? Kurzentschlossen wäscht sie es in lauwarmem Wasser vorsichtig aus, trocknet es auf einem Frotteehandtuch und verpackt es wieder in dem Originalkarton. Den Kassenbon hat sie noch im Portemonnaie.

Beim nächsten Großeinkauf in Heide wird sie wieder in dem Miederwarengeschäft vorstellig. Hier ist an diesem Vormittag nur ein junges Mädchen beschäftigt. „Also, Fräulein, das passte mir nun doch nicht! Ich musste zum Ball mein altes Korsett anziehen. Und das genügt auch für das nächste Mal! Kann ich dieses bitte umtauschen? – Nein, einen Gutschein will ich nicht! Hier auf dem Zettel steht doch, dass ich bei Umtausch mein Geld zurückbekomme! Unterwäsche ist davon nicht ausgeschlossen! – Dankeschön!"

Zufrieden verlässt Telse das Geschäft und zufrieden fährt sie wieder zum heimischen Hof. Das hat ja gut geklappt! Sie hat eine Menge Geld gespart und dennoch den Jägerball gut überstanden!

Heilig Abend kommt heran. Unter der mit silbernen Kugeln, Lametta und elektrischen Kerzen traditionell geschmückten Nordmanntanne versammelt sich die gesamte Großfamilie Hansen: die drei Söhne, die Schwiegertöchter, die fünf Enkelkinder nebst Reimer und Telse. Nach dem opulenten Gänsebraten, traditionell mit Äpfeln, gerebeltem Beifuß und Majoran gefüllt, geht es an das Bescheren. Zuerst kommen die Kinder an die Reihe, nachdem jedes ein kleines Gedicht aufgesagt hat, darunter auch plattdeutsche Verse des Heimatdichters Klaus Groth. Dann dürfen die Schwiegertöchter und die Söhne ihre Gaben auspacken.

Und dann ist Telse dran. Neugierig wickelt sie das unbedruckte grüne Seidenpapier auseinander. Und was hält sie in der Hand: das schlankmachende, schwarze, entzückende Spitzenkorsett aus dem Heider Miederfachgeschäft. Verdutzt schaut sie ihren Reimer an. „Wie bist du denn darauf gekommen?" Und etwas verlegen erklärt er: "Vor dem Jägerball meintest du doch, etwas zugenommen zu haben. Nicht, dass ich dich für zu füllig halte. Ich liebe dich auch mit jedem zusätzlichen Pfund! Doch da kam mir die Idee, dir ein schickes Korsette zu schenken. Deine Schwiegertöchter haben mich in diesem Gedanken bestärkt und mich an das Spezialgeschäft von Herrn Johannsen in Heide verwiesen. Da kam ich mir ja erst ein wenig deplatziert vor, so zwischen all den Tangas und Büstenhaltern. Doch Herr Johannsen beruhigte mich und erklärte, ich sei in der Vorweihnachtszeit nicht der einzige Mann, der zu ihm finden würde. Und dann zeigte er mir dieses hübsche Etwas. Ich fand es gleich reizend! Er meinte, das wäre genau das Richtige für dich. Darüber würdest du dich ganz gewiss freuen. Und – freust du dich nun?"

Friedrich Hebbel (1813–1863) gilt als einer der größten deutschen Dramatiker seiner Zeit. Hierbei ist er der literaturgeschichtlichen Epoche des Realismus zuzuordnen. Das bedeutet, dass sein Werk

auf eine vorbehalts- und parteilose Wirklichkeitsschilderung des Menschlichen ausgerichtet ist. Hebbel wurde in eine turbulente und wirtschaftlich schwache Zeit Schleswig-Holsteins hineingeboren. Der dänische Staatsbankrott (1813) zog das überwiegend agronomisch orientierte Land mit in den finanziellen Ruin. So konnte auch Hebbels Vater die Familie mit Ehefrau und zwei kleinen Söhnen als Maurer in der kleinen Dithmarscher Ortschaft Wesselburen mit ca. 15.000 Einwohnern nur mühsam durchbringen, da es für ihn in diesen äußerst schlechten Zeiten einfach nicht genügend Arbeit gab. Es war eine regelrechte Hunger-Kindheit, in welcher der junge Friedrich aufwuchs und die er Zeit seines Lebens nicht vergaß. Dennoch ließen ihn die Eltern wenigstens die Klipp- und später die regionale Elementarschule besuchen.

Rückblickend notierte er in seinem Tagebuch vom 28. November 1838 seine Weihnachtserinnerungen aus seiner Kindheit. Er formulierte diese in einem fingierten Brief an seine damalige Hamburger Geliebte Elise Lensing (1804–1854), der Mutter seiner beiden nicht legitimen Söhne, welche schon im Kleinkinderalter starben:

Weihnachten in Wesselburen

Du ahnst nicht, liebe Elise, wie unendlich gern ich das Weihnachtsfest bei Dir und in Hamburg zubrächte! Gerade dieses Fest wie jeden anderen Tag gleichgültig und ungenossen an sich vorübergehen zu lassen, ist so schmerzlich. Das hat wohl jedem Kinde und auch mir etwas gebracht; dann wurde von den blauen Hirsch-Tellern – so genannt, weil in ihrer Mitte ein Hirsch, den mein Vater gewöhnlich mit Kreide auf den Tisch nachzuzeichnen pflegte, gemalt war – gegessen, es gab einen Mehlbeutel, zuweilen wohl gar mit Rosinen oder Pflaumen gefüllt, später ward guter Tee getrunken, hauptsächlich der lieben Mutter wegen, die ohne Tee nur halb vergnügt seyn konnte, bevor das Essen kam, sang der Vater in Gemeinschaft mit mir und meinem Bruder ein geistliches Lied, nachher musste ich aus der ehrwürdigen dickbäuchigen Postille mit den vielen Holzschnitten, die mich so seltsam-fremdartig begrüßten, das Evangelium und eine Predigt vorlesen, darauf erschien der Nachtwächter mit seiner weit dröhnenden Knarre unter dem Fenster, sang einen Vers und erhielt durch mich oder meinen Bruder den schon längst bereitgehaltenen, nicht selten geborgten Schilling, wofür er ein fröhliches Fest anwünschte, die Eltern waren heiter, auch der Vater, den wir fast das ganze Jahr nicht heiter sahen, die dumpfen, erstickenden Gespräche über die Schwierigkeit, Brot herbei zu schaffen (lagen doch meistens zwei oder drei köstliche weiße breite Wecken im Schrank!) unterblieben, Scherz und Lachen waren erlaubt und wir Kinder däuchten uns im Himmel. Dazu am Weihnachtsabend der schöne Gedanke: Diese Herrlichkeit dauert zwei volle Tage! Ich bin immer sehr traurig, wenn – was besonders im vorigen Jahr geschah – der Weihnacht mir nicht die geringste Freudenblume zuwirft; an wenig andre Feste mach' ich ähnliche Prätensionen, von meinem Geburtstag weiß ich z. B. fast nie, wann er ist.

Friedrich Hebbel

Vor der Husumer Bucht liegt die nordfriesische Insel- und Halligwelt. Hier zerstörten oft dramatische Weihnachtsfluten den Festtagsfrieden und rissen Menschen und Vieh in den Tod.

Lebte man in Nordfriesland in den vorigen Jahrhunderten auch im Alltag genügsam, denn die autarke Wirtschaft ließ keine kulinarische extravagante Üppigkeit zu, so wurden doch die Fest- und damit insbesondere die Weihnachtstage besonders gestaltet. Man hatte genügend gebacken, eingesalzen, gepökelt und geräuchert. Diese Emsigkeit, sei es auf dem Festland, den Inseln oder den schutzlosen Halligen, hatte nun zum 24. Dezember ein Ende. Frieden zog in die Herzen der Menschen und harmonisch saß die Familie um den Esstisch, knackte Nüsse wie in Dithmarschen, sang Lieder, verspeiste Pfefferkuchen und anderes weihnachtliches Gebäck. Nur manchmal tobte draußen die See und gestaltete das Fest des Friedens zu einem Fest des Schreckens. So geschah es auch am Weihnachtsfest des Jahres 1717.

Ein Zeitgenosse und Freund des verdienten Sylter Chronisten, Lehrers und Küsters in Keitum Christian Peter Hansen (1803–1879) war der Pädagoge Christian Jensen (1844–1936) aus dem Marienkoog (ehemals Kreis Südtondern). Auf seiner ersten Schulstelle in Archsum auf Sylt wuchs er, dank Hansen, in die Heimatforschung hinein und setzte dort nach dem Tode des Freundes dessen Lebenswerk fort. Als er an die Schule nach Oevenum auf Föhr versetzt wurde, entstanden zahlreicher Arbeiten über das Friesentum. Sein Hauptwerk, das in mehreren Auflagen erschien, wurde sein Buch „Die nordfriesischen Inseln Sylt, Föhr, Amrum und die Halligen". Um seinen Söhnen den Besuch der Domschule in Schleswig zu ermöglichen, ließ er sich an die Friedrichsberger Volksschule versetzen. Auch hier arbeitete er weiterhin auf landeskundlichem Gebiet. In Anlehnung an die Chronik des Pastors Heinrich Heimreich (1661–1730 [oder 1726]), der wie sein Vater Anton Heimreich (1626–1685) Prediger auf Nordstrandischmoor war (1685–1730) und die von seinem Vater verfasste „Nordfriesische Chronik" weiterführte, entstand die dramatische Schilderung der Weihnachtssturmflut 1717.

Eine Weihnacht auf der Hallig

Wenn das beseligende Fest der Weihnacht einkehrt, zeigen oft die Inseln und Halligen an der schleswigschen Westküste ein eigentümliches Bild. Soweit das Auge von der Scholle hinaus nach dem Festlande hinüberstreift, sind dann die sonst öden und grauen Watten, nachdem der Frost wenige Tage vorher eingetreten, mit aufgehäuften Eisbergen belegt – hin und wieder blickt die Wintersonne durch das Grau der Nebel und Wolken trübe hindurch, als wollte sie das alltägliche Einerlei der Wattenwüste noch eintöniger machen. Die Inseln, und besonders die Halligen, sind dann oft Wochen und Monate lang vom Verkehr mit der großen Welt abgeschlossen. Jedes einzelne Eiland bildet dann eine Welt für sich. Und doch zieht trotz der insularen Einsamkeit der Geist der fröhlichen Weihnacht in Insel- und Hallighütten. Er wandert über Eisschollen und Wogengebrause hinüber zu den still gewordenen Inselbewohnern, um deren Gotteshäuser und Hütten, ungeachtet ihrer Entlegenheit fernab vom Treiben der Städte und Dörfer, er das Band des Friedens schlägt. Die Umgebung des Eilands ist ganz wie zum Charakter des Friedens- und Freudenfestes geschaffen; da ist nichts, was die Festgenossen bei der frommen Andacht stören könnte. Aber so ist nicht immer das Bild der Hallig-Umgebung zur Weihnacht. Weihnacht ist die Zeit der Sonnenwende. Diese ist sehr oft, wie die Tag- und Nachtgleiche, von heftigen Stürmen begleitet.

Am 24. Dezember des Jahres 1717 bereitete man sich auf den Halligen auf das Weihnachtsfest vor. Überall wurden Kuchen für die Festtage gebacken, und man reinigte und schmückte die Wohnung nach alter Sitte.

Der Regen floss indessen in Strömen hernieder. Der Wind hatte sich allmählich von Südost nach Süden und Südwest gedreht. Er wurde gegen Abend schwächer, und auch der Regen hatte aufgehört. In den zwanzig Wohnungen der kleinen Hallig Nordstrandischmoor wurde das dreiarmige Licht zur Feier des Weihnachtsabends schon angezündet, die Kinder hatten in freudiger Hoffnung auf den kommenden Morgen ihre Schüssel auf das Fensterbrett gestellt, die gewohnte Bescherung zu erhalten, als es heftig aus Nordwest zu stürmen anfing. Vor der üblichen Abendmahlzeit scharten sich noch einmal die Hausgenossen zur Andacht um den Hausvater, oder, wo dieser vielleicht auf der See war, um die Hausmutter. Und über die Hallig hin klang in allen Herzen der Lobgesang der Engel wieder: Ehre sei Gott in der Höhe, und Friede auf Erden, und den Menschen ein Wohlgefallen!

Trotz des starken Windes stieg die Abendflut, es war um acht Uhr Hochwasser, nicht sehr hoch, und um zehn Uhr war das Wasser soweit zurückgetreten, dass man sich ruhig zu Bett legen konnte, ohne eine hohe Flut am nächsten Morgen erwarten zu müssen. Die Stärke des Sturmes hatte indessen mehr und mehr zugenommen; das Sausen des Windes mischte sich mit dem Geknarre des Hausgerüstes und mit dem Geschrei der Möwen, welche die Werftenhäuser umflatterten.

Die Familie des Predigers Heimreich, der, wie sein Vater es gewesen, dieser kleinen Gemeinde ein treuer Hirte war, begab sich frühzeitig zur Ruhe, die Hallig dem Schutz des Höchsten befehlend, dem Wind und Meer gehorsam sind. Gegen Mitternacht erwachte die siebzehnjährige Tochter Heimreichs und rief, vom Schlaf auffahrend: „Ach, Mutter, wie wehet es so stark; diese Nacht ertrinken wir." Die Mutter entgegnete: „Es hat, will's Gott, keine Not, begib dich nur wieder zur Ruhe und schlafe und lass uns auch ruhen, damit wir, weil morgen das Christfest ist, dasselbe mit desto dankbarerem Herzen und Gemüt begehen können." Sie schlief zwar wieder ein, aber nur kurz, um kurze Zeit später umso eindringlicher die vorige Äußerung zu wiederholen. Nachdem sie fünfmal innerhalb zweier Stunden die Eltern mit dem Rufe geweckt hatte, stand der Vater auf, nach dem Wetter auszusehen. Die Uhr schlug eben drei, als er ans Fenster trat. Er hätte beim Anblick des Bildes, das sich ihm bot, vor Schrecken zusammensinken mögen. Das ganze Feld der Hallig war schon überflutet. Wildbewegt erschien die See, wenn der Mond, zwischen den Wolken verstohlen hindurch blickend dieselbe beleuchtete. Dort brandete sie schon an dem Erdhügel, auf dem die Häuser standen, haushoch den dampfenden Gischt hinaufspritzend. Erst um zwei Uhr war es tiefe Ebbe gewesen – und nach einer Stunde die Flut schon so hoch! Ein Angstschrei entfuhr seinen Lippen, als er bedachte, mit welcher ungewöhnlichen, früher noch nicht erlebten Schnelligkeit das Wasser gestiegen sein musste, und wie hoch dasselbe steigen werde in den fünf Stunden bis zur Flutzeit. Einen Augenblick stand er wie gebannt. Im Spiel der Wellen und in seinem Geiste gewannen die Worte: „Und jede neue Welle säumte für mich am feuchten Leichentuch, und jede neue Welle schäumte entgegen mir den Todesspruch," lebensvolle Gestalt.

Dann wandte er sich zu den Seinen, seiner Frau und der einen Tochter, sie auf die nahe Gefahr aufmerksam zu machen. Beide verließen das Lager und kleideten sich notdürftig an. Einen solchen Christmorgen hatten sie noch nicht erlebt. Mit „muntrem Herzen und Gemüt" hatten sie den Tag feiern wollen, und nun sollten sie ihn mit dem nahen Tod vor Augen beginnen. Das Fest des neu erwachenden Lichtes, der Liebe und des Lebens war für sie angebrochen mit dem Gedanken an Tod und Verderben. Der Dank für die große Liebe Gottes, dass er seinen Sohn in die Welt gesandt, zu suchen und selig zu machen, was verloren ist, wurde in ihrer Morgenandacht zum Bittgebet: „Herr, hilf uns, wir verderben!"

Immer neue Wassermassen wälzten sich heran, immer lauter heulte der Wind, während man drinnen beschäftigt war, die beste Habe auf den Boden zu retten. Jetzt hörte man schon das Plätschern des Wassers an der Haustür. Bald war in den der Tür zunächst gelegenen Räumen der Fußboden mit Wasser bedeckt, da es innerhalb des Hauses niedriger war als außerhalb desselben. So wurden die Füße der Bewohner nass, ehe es ihnen gelang, mit den besten Stücken ihrer beweglichen Habe den Boden zu erreichen. Das meiste Hausgerät, Kisten, Kasten, Betten, Leinenzeug, Tische, Schränke, die aus vierhundert Bänden bestehende Bibliothek, die Gold- und Silbersachen im Werte von einigen hundert Mark – alles wurde ein Raub des unersättlichen Meeres. Bislang schwammen viele dieser Dinge noch in den Räumen des Hauses, wo sie gestanden hatten, – es sollte aber nicht lange währen, bis sie ganz dem freien Spiel des Meeres überlassen wurden. Mit gewaltigem Krachen stürzte eine der Umfassungsmauern des Hauses ein – das Gebälk dröhnte und zitterte; eine zweite Mauer brach zusammen, und nur noch die Scheidewände im Innern des Hauses hielten die Wogen vom ungehinderten Durchgang zurück. – Zuletzt standen vom Wohngebäude nur noch die Ständer, die das Dachgerüst, unter dem die Hausbewohner auf dem Boden Schutz gesucht hatten, trugen. Das Haus glich einem leer gewordenen Heuschober – nur mit dem Unterschiede, dass an dem Stapelplatze des Heues das salzige Wasser der Nordsee flutete – das jeden Augenblick das Sparrwerk mit den Ständern umzuwerfen drohte.

Da blickte die geängstigte Predigerfamilie von ihrem schwanken Sitze schreckensbleich in das wilde Wellengewühl, das unter ihren Füßen sich entfaltete. Etwa zwei Meter tief mochte das Wasser sein, das jetzt wallend und siedend und brausend und zischend durch die sonst bewohnten Räume dahinströmte. Hier trieb ein Bett, dort ein Tisch, hier ein Schrank, dort eine mit Schätzen gefüllte Leinenkiste, der Stolz der Hausfrau – als Spielzeug der unruhigen Wellen, und als herrenloses Gut wurde es von der Schwelle fortgeführt. Jetzt bewegte sich der ganze Stall, der, auf höherer Werfte stehend, bisher noch verschont worden; er stürzte ein, ein gewaltiges Gebrause, ein Brüllen der Kühe und Rinder, ein Blöken der Schafe – und man sah nichts mehr davon.

Den armen Bewohnern war bald ihre ganze lebende sowohl als tote Habe entführt; sie mussten sich selbst darauf gefasst machen, der nächsten Welle vielleicht zum Opfer zu fallen. Retten konnten sie sich nicht, und helfen konnten sie nicht. Jeder war auf sich selbst angewiesen. Der eine Nachbar wusste nicht, ob der andere schon mit den letzten Trümmern seines Hauses davongeschwommen, oder ob er gleich ihm, den Tod vor Augen sehend, noch müßig dem Zerstörungswerke zuschaute. Wer die Demut vor Gott nicht kennt, muss solche Szenen erleben, wie die Halligbewohner sie in dieser Weihnachtsflut erlebten, und er wird sie kennenlernen, und wer stolz ist auf Geld und Gut auf dem festen Boden – der würde alles gern dahingeben für die Erlösung aus solcher Lebensgefahr, wie sie die Sturmflut für die Halligbewohner mitbringt.

Das fallende Meerwasser erweckte in den Herzen der die Flut überlebenden Halligbewohner die Hoffnung auf Errettung. Gerade zur Kirchzeit am ersten Weihnachtsfeiertage war das Wasser soweit zurückgetreten, dass man eine weitere Gefahr nicht zu fürchten brauchte.

Der Prediger, obwohl nass und kalt, erhob sich mit den Seinen und hielt eine Andacht mit ihnen zur Feier des Christtages, wie er vor Eintritt der Flut eine ähnliche gehalten. Aber jetzt war der Inhalt seines Gebets ein von Herzen kommender Dank für die Errettung aus Sturm und Not, und für die Liebe des Vaters, der seinen Sohn in die Welt sandte, damit sie nicht verloren werde, sondern das ewige Leben habe. Und als er zum Schluss mit den Seinen anstimmte: „Danket dem Herrn! Wir danken dem Herrn, denn er ist freundlich und seine Güte währet ewiglich!", da trugen die Wellen und der Wind, der nun erheblich nachgelassen, die Töne des Liedes hinüber nach dem Nachbarhause und von dort weiter zu den übrigen geretteten Beichtkindern des Seelsorgers. So nahmen sie alle teil an dem Gottesdienst, den sie über den Trümmern ihrer irdischen Habe, über den Wogen und unter freiem Himmel hielten.

Ihr Gotteshaus hatte die Flut zerstört. Die Bretterwände desselben hatten vor der Wucht der Wellen nicht lange standgehalten. Kanzel, Altar, Stühle, Fenster und was sonst vorhanden gewesen, war weggeschwemmt. Dazu konnte man auch die Trümmer der Kirche noch nicht erreichen – und es war auch beschwerlich, von einer Werfte auf die andere zu gelangen. „Darum haben", sagt Heimreich, „ich, meine Frau und Tochter acht Tage auf dem Heuboden in Kälte, Wind und Wetter aushalten müssen, sind nicht aus den Kleidern gekommen, hatten fast nichts zu essen und zu trinken, weil Brot und Butter, Grütze, Weizenmehl, Sauer- und Pökelfleisch, womit wir uns nach Notdurft auf den Winter verproviantiert hatten, und die in Keller, Speisekammer und Schuppen verwahrt wurden, weggeschwemmt waren." Erst am Tage nach Weihnachten erhielten sie etwas Bier und Brot, womit sie sich behelfen mussten, bis sie am Tage vor Neujahr nach Husum reisen konnten.

Die Flut hatte arg gehaust. Von den zwanzig Häusern dieser Hallig waren drei mit ihren Bewohnern ganz verschwunden, die übrigen, mit Ausnahme von zweien, gleich dem Predigerhause, übel zugerichtet: Mauern, Hausgeräte, Mundvorräte und Viehstand fehlten. Sechzehn Menschen waren ertrunken und die übrigen, fast ohne Ausnahme, wie ihr Prediger arm und ohne die notwendigsten Lebensmittel. Dazu war es sehr kalt. Die Öfen und die Feuerung fehlten – dass, wenn auch noch Korn vorhanden war, man nicht backen konnte. Die Brunnen, dort Fedinge genannt, waren voll Salzwasser gelaufen, sodass einer dem andern nicht einen Trunk frischen Wassers zur Feier des Weihnachtsfestes reichen mochte. In ähnlicher Weise war auf den übrigen Halligen die Weihnachtsfeier verlaufen; überall war große Not. Es war ein trauriger Anblick, die zertrümmerten Halligstätten und die armen Menschen zu sehen. Mit der ihnen eigentümlichen Ausdauer richteten sie einzelne der Häuser notdürftig wieder her. Tränenden Auges nahm die Gemeinde von ihrem Prediger Abschied, dessen Haus sowie die Kirche erst später ausgebessert und aufgebaut werden konnten. Trotz mancher Gefahren kam er an den Festtagen zu seiner Gemeinde herüber, um mit ihr in einem Hallighause Gottesdienst zu halten.

An den beschädigten Deichen der ganzen Festlandsküste und der Inseln Föhr, Nordstrand und Pellworm wurde trotz des mit Neujahr eintretenden Frostwetters fleißig gearbeitet. Die obdachlosen Halligleute fanden zum Teil Unterkommen bei mitleidigen Nachbarn ihres Eilandes oder des Festlandes.

Notdürftig versahen sich die Bleibenden mit Wintervorrat, der ihnen von glücklicheren, von der Flut nicht beschädigten Bewohnern der engeren friesischen Heimat gespendet wurde. Kaum waren indessen die Deiche halbwegs zum Stehen gebracht, kaum hatten sich die Halligbewohner für den kalten Winter eingerichtet, so traf die Nordseeküsten und -inseln ein noch härteres Schicksal: eine Eisflut wiederholte am 25. Februar 1718 das Trauerspiel der Weihnacht von 1717. Die Halligfriesen, obwohl sie wieder am schwersten gelitten, rafften sich dennoch von Neuem auf, Hab und Gut vor der raubgierigen Salzflut zu schützen. Neues Unglück brachte ihnen neues, allgemeines Mitleid helfender Menschenliebe von Nah und Fern. Wo sie eben alles verloren hatten, bauten sie sich im Laufe des kommenden Sommers wieder an. Mit ihrem geschäftigen Treiben neigte sich auch der Herbst seinem Ende zu. Als die neue Weihnacht einzog, dachten sie der vorjährigen traurigen Weihnachtsfeier, sie dachten der tätigen Menschenliebe, die sie seitdem genossen, und diese erschien ihnen als ein Strahl der Liebe, welche der Geist des neuen Festes hineinsandte in die friedlichen Räume der ruhelos umfluteten Hallighütten.

CHRISTIAN JENSEN

Ein profunder Kenner der Hallig Langeness war der spätere Flensburger Rektor Haye Hinrichsen (1873–1941). Er wurde auf der Ketelswarft geboren und verbrachte dort bis zu seiner Präperandenzeit in Apenrade (1889–1891) seine Kindheit und Jugend. Er besuchte ähnlich wie der niederdeutsche Dichter Klaus Groth dann zur weiteren Ausbildung das Lehrerseminar in Tondern (Nordschleswig). Ab April 1895 war er als Lehrer in Wyk auf Föhr tätig. Nach seiner Eheschließung mit der Föhringerin Christine Marie Christiansen aus Wyk im Jahre 1898 und der Geburt von insgesamt vier Kindern unterrichtete er ab dem 1. April 1908 an der Flensburger St.-Marien-Knabenschule und war ab 1. April 1923 Rektor der St.-Marien-Mädchenschule.

Seine Weihnachtserinnerungen erfassen eine Zeit auf Langeness, als man die Kinder noch zu Neujahr und nicht am Heiligen Abend beschenkte und als der geschmückte Christbaum noch keinen Einzug in den Hallighäusern gehalten hatte.

Hier gab es keinen Heinrich Rantzau, der in weiser Voraussicht große Nadelwaldhölzungen angelegt hatte. Und ist noch heute der Baumbewuchs auf dem nordseenahen Festland nicht gerade als üppig zu bezeichnen, so ist er es erst recht nicht auf den Inseln und Halligen. Auf den baumarmen Eilanden war lange Zeit ein richtiger Weihnachtsbaum undenkbar. Daher behalf man sich noch in neuerer Zeit mit den sogenannten Friesischen Weihnachtsbögen, bei denen man ein gebogenes Holzgestell mit Buchsbaum- oder Fichtenzweigen umschlang.

Zum Heiligenabend gab es den *Schnippelpann*, ein sauer eingekochtes Kleinzeug-Essen von Snuten, Poten, Ohren, Schwänzchen usw., das die Reste des Schweineschlachtens enthielt. Es wurde mit Gewürzen wie viel Thymian, Lorbeer, Pfeffer und Salz nach dem Schlachtfest eingekocht und gelierte stark. Am Heiligen Abend musste es in der Küche schnell gehen, da man bei gutem Wetter in die Kirche wollte, die von der Ketels-Warft etwa eine halbe Stunde zu Fuß entfernt liegt. Das Gericht wurde dann heiß gemacht, das Gelee verflüssigte sich und dazu gab es gekochte Möhren und Kartoffeln sowie Pflaumenkompott.

Die eigentliche Bescherung fand am Neujahrsmorgen statt. Dafür hatten die Kinder am Silvesterabend ihren Teller herausgestellt, den die Eltern heimlich mit bescheidenen Gaben füllten.

Weihnachten auf Langeness im Jahre 1880

Weihnachten! Welch ein köstlicher, gewaltiger Zauber schlummert in diesem Wort. Sobald wir die Schwelle zum letzten Monat des Jahres überschritten haben, empfinden wir schon die ersten Spuren der Weihnachtsstimmung. Je näher das große, seit alten Zeiten gefeierte Fest des Jul und des Jubels heranrückt, desto höher schlagen die Herzen und zwar besonders bei den Kindern, denen ja in erster Linie dieses Fest gilt. [Jul = friesisch *Jull*, d. h. Rad. Die Bezeichnung rührt daher, dass die Sonne, das große Himmelsrad, von Neuem ihren Lauf beginnt. Das Rad ist schon bei den Völkern des Altertums das Symbol der Sonne und des Sonnengottes. Selbst der Glorienschein auf christlichen Bildern ist eine Umbildung der Darstellung des mit dem Sonnenrade gekrönten persischen Sonnengottes Mithras.]

Kein Tag vergeht, an dem nicht die Kleinen ihre Wünsche an den lieben Weihnachtsmann der Mutter vortragen. Wochenlang vorher werden die Tage wie auch die Nächte, die man noch „zu schlafen hat", gezählt, um die Zeitspanne besser überblicken zu können, die die Gegenwart noch von den von der Fantasie herrlich ausgemalten Feierstunden trennt. Wie glänzen die Augen und wie pocht es in der Brust, wenn dann endlich der Lichterglanz erstrahlt und der unbekannte, gefürchtete und doch geliebte Himmelssohn seine Gaben darbietet.

Das alles ist uns von Jugend auf bekannt und deshalb so natürlich, dass wir uns eine Weihnacht ohne dieses Zeremoniell kaum vorzustellen vermögen; selbst Großmütterchen in der Ofenecke und die um den Verlust ihres Gatten trauernde Witwe möchten nicht darauf verzichten, weil ihnen dadurch Gefühle aus der Jugendzeit in die Brust gezaubert werden. Nicht selten tritt die eigentliche Bedeutung des Festes weit in den Hintergrund, wenn auch manche Menschen gerade an diesem Tage Stunden ernster Andacht verleben und Befriedigung im Glauben an den Gefeierten finden.

Den Charakter religiöser Freude und gläubiger Hingebung trägt das Weihnachtsfest besonders auf den Halligen.

Die grüne Tanne im Festesschmuck war hier bis in die neueste Zeit eine seltene Erscheinung, wurde jedoch früher vereinzelt durch ein selbstgefertigtes Bäumchen, das aus einer Stange mit daran angebrachten Querstäbchen hergestellt war, ersetzt. Einfache Ketten aus buntem Papier, einige Engelbilder, Pflaumen, Rosinen und dergleichen bildeten den Schmuck desselben. Die Sitte des Beschenkens war dort vor wenigen Jahren ebenfalls noch fremd.

Nichts Weltliches durfte in die echt christliche Feier der heiligen Nacht störend eingreifen. Als einziger Brauch aus der vorchristlichen Julfeier hat sich dagegen die Festmahlzeit erhalten. Gleichsam als Erinnerung an die ehemaligen Ernteopfer teilt man von den Festspeisen aus an Kranke und Arme unter den Werftgenossen. Selbst die Haustiere, Rinder und Schafe, von deren Gedeihen „Sein oder Nichtsein" des Halligmanns in gewissem Sinn abhängt, nehmen insofern an der Freude teil, als sie bei der Abfütterung etwas reichlicher als sonst bedacht werden.

Die Einleitung des Festes bildet der Nachmittagskaffee. Die Familie ist meistens vergrößert durch die heimgekehrten erwachsenen Glieder, die es sich trotz der beschwerlichen Verbindung vom Festlande nicht haben nehmen lassen, ihre heimatliche Scholle aufzusuchen, um die schönen Stunden mit den Ihrigen zu verbringen.

Der Kaffeetisch ist mit selbstgebackenem Kuchen verschiedener Art, den in der Umgegend wegen ihres Wohlgeschmacks berühmten sogenannten Halligknerken, wohlbestellt. Heute „lohnt es sich" sogar braunen Zucker, den man während der übrigen Tage des Jahres nur vom Hörensagen kennt. Nach Beendigung dieses ersten Teils muss des Hauses Mutter die nötigen Vorbereitungen für die Hauptmahlzeit treffen, während der Vater sich mit den Seinen zur Hausandacht rüstet. [...]

Man merkt es selbst dem Sechsjährigen an, dass die Töne und Worte, obwohl unverstanden, nicht ohne Eindruck verhallen. [...]

Umso größer ist aber seine Aufmerksamkeit, wenn jetzt die Schüsseln aufmarschieren, unter denen eine, die sonst nicht erscheint und für dieses Fest eigens zugerichtete Pflaumen hält, sein besonderes Interesse erweckt. Doch nicht nur er, sondern alle lassen es sich wohl sein beim sog. „Schnippelpann", dem allgemeinen Weihnachtsessen auf der Hallig; mit diesem Namen bezeichnet man in Sauer eingekochtes Schweinefleisch. Sind alle bis zum „letzten Knopf" gesättigt, so beschließt wohl ein Vaterunser, das die andächtige Familie ehrfurchtsvoll den Ältesten sprechen lässt, diesen letzten Teil der Feier. [...] Doch damit ist das alte Fest der Sonnenwende, das bekanntlich im Weihnachtsfest eine christliche Auslegung gefunden hat, nicht beendet. Der Tag der Freude, wenigstens für die Kinder und somit auch für die Eltern, ist hier seit alten Zeiten bis in die Gegenwart des Silvesterabends.

Wenn die Feier an der Wende des Jahres im Wesentlichen auch einen ähnlichen Verlauf nimmt wie am Christabend, so tritt doch jetzt etwas Neues und Eigenartiges hinzu. Wie bei unsern heidnischen Vorfahren in der heiligen Zeit „der Zwölften" (vom 23. Dezember bis 6. Januar) die Götter – Wodan auf seinem weißen Schimmel, Frigga als Göttin der Fruchtbarkeit und Beschützerin der Ernte – durch die Lüfte sausten, so steigen auch die Engel als Diener Gottes auf die Erde, um die Halligkinder mit Himmelsgaben zu erfreuen. Ist die Andacht in entsprechender Weise beendigt, so kündigt Schellenklang das Nahen der himmlischen Gesandten an. Zwei junge Mädchen in weißen, mit bunten Bändern gezierten Kleidern, durch einen am Hut sorgfältig befestigten langen weißen Umhang vermummt, treten durch die weit geöffnete Tür, von den Kleinen mit gemischten Gefühlen sehnsüchtig erwartet. […]

Im Wandel der Zeiten verändern sich die Einrichtungen, Sitten und Bräuche der Menschen schnell. Der Vorgang, die Neujahrsbescherung auf das Weihnachtsfest zu verlegen, ist auch bereits auf der Hallig bemerkbar. Wo in den letzten Jahrzehnten der Tannenbaum zur Erhöhung der Festfreude am Weihnachtsabend seinen Einzug gehalten hat, da finden wir als Begleiterscheinung auch die Weihnachtsbescherung, sodass manche Halligkinder sich zur Zeit in der angenehmen Lage befinden, zweimal, am Christabend von Eltern und Geschwistern mit Geschenken, zu Neujahr von allen Verwandten und Werftbewohnern mit Kuchen und anderen essbaren Dingen, beschenkt zu werden.

HAYE HINRICHSEN

> **Halligknerken**
> ZUTATEN: 300 G MEHL, 100 G KARTOFFELMEHL, 250 G MAR-
> GARINE, 2 EIGELB, 150 G ZUCKER, ½ BACKPULVER, ½ TÜTE
> GEMAHLENES KARDAMOM, 1 EIGELB ZUM BESTREICHEN,
> ETWAS ZUCKER ZUM BESTREUEN.
> Aus den Zutaten stellt man einen Knetteig her und formt
> portionsweise Rollen von 3,5 cm Dicke. Hiervon schnei-
> det man mit einem scharfen Messer Scheibchen von 1 cm
> Breite ab und bepinselt sie mit zerklöppeltem Eigelb und
> bestreut sie mit etwas Zucker. Die Knerken werden auf ein
> gefettetes Backblech gesetzt und bei 180°C etwa 15 Minuten
> abgebacken. Dann löst man sie mit einem scharfen Pfan-
> nenmesser vom Blech. Nach dem Erkalten gibt man sie in
> eine Blechdose.

Auf dem Festland und damit auch in Husum, dem „Tor zu den Halligen", war der Weihnachtsbaum natürlich eher vertreten als auf den
Inseln und Halligen. Die geschmückte Weihnachtstanne im Elternhaus des Dichters Theodor Storm, bei seinem Vater, dem Rechtsanwalt Johann Casimir Storm (1790-1874), war aber vermutlich einer
der ersten. Denn einige Jahre zuvor, als Storms spätere Haushälterin
Christine Brick (1800–1882) noch ein Kind war und zusammen mit
ihren Geschwistern in ihrem Elternhaus am Husumer Hafen lebte,
war der Christbaum in Husum offenbar noch nicht allgemein verbreitet. Denn in seiner ersten Novelle „Marthe und ihre Uhr", die
der junge Rechtsanwalt Theodor Storm im Jahre 1848 verfasste und
darin seiner Haushälterin ein literarisches Denkmal setzte, ließ er sie
erklären: „Ein Weihnachtsbaum zwar brannte nicht auf dem Tisch –
das war ja nur für reiche Leute –; aber stattdessen zwei hohe dicke
Lichter."

Doch Jahrzehnte später hat sich der Tannenbaum auch in der
„grauen Stadt am Meer" eingebürgert, zumindest in den gut situierten Familien und somit auch im Haushalt des ersten preußischen
Landrates Ludwig Graf zu Reventlow (1824–1893). Dieser besuchte

zusammen mit seiner Ehefrau Emilie (geb. Gräfin zu Rantzau, 1834–1905) und seinen Kindern den Gottesdienst in der Marienkirche am Markt. Für die Tochter des gräflichen Paares, die spätere Schriftstellerin Franziska Gräfin zu Reventlow (1871–1914), war die Weihnachtspredigt dort am Heiligen Abend der Inbegriff von Feierlichkeit, verbunden mit heimatlicher Wärme und Geborgenheit.

Sie erinnerte sich noch Jahre später an den Kirchgang und das Fest mit den Eltern und der älteren Schwester Agnes sowie den drei Brüdern. Ein Sohn war bereits als Schüler verstorben. Ihre Eindrücke gab die Autorin in ihrem ersten Roman „Ellen Olestjerne" wieder, der starke autobiografische Züge enthält:

Weihnachten bei „Landrats"

Ein Jahr später kam Ellen am Weihnachtsabend zum ersten Mal mit in die Kirche, und nun gab es eine große Umwälzung in ihrem Innern. Der schmucklose weiße Raum mit dem blaugemalten Sternenhimmel und den zwei brennenden Christbäumen neben dem Altar kam ihr unsagbar schön vor. Auf der vergoldeten Kanzel stand der Propst mit seiner mächtigen, kahlen Stirn und der tiefen Friedensstimme: „Siehe, ich verkündige euch große Freude, die allem Volke widerfahren wird, denn euch ist heute der Heiland geboren!"

Ellen war geblendet und überwältigt, es schien ihr, dass der liebe Gott selbst da oben stände und zu ihr redete, und als ob sie ihn vorher noch gar nicht gekannt hätte. Und jetzt mit einem Mal glaubte sie an Gott, glaubte an das Wunder: Der Heiland war auch für sie geboren, sie zu erlösen von der finstern Macht der Sünde.

Als der Propst von der Kanzel verschwand, war sie ganz unglücklich. Aber dann erschien er wieder vor dem Altar und sagte etwas, die Orgel setzte ein, und der Chor antwortete. Musik hatte Ellen fast noch nie gehört, es kam ihr vor wie Engelsstimmen, die aus dem Himmel herabtönten.

Als sie hinter der Mutter aus der Kirche ging, sah sie sich noch einmal um; ihr war, als ob der liebe Gott da drinnen in all dem Lichterglanz zurückbliebe. Dann der Heimweg durch die schmalen

Straßen und die lange Kastanienallee, die nach Nevershuus führte, – hinter den erleuchteten Gangfenstern sah man die Dienstboten eilig hin her laufen. Die Eltern verschwanden gleich in dem „grünen Saal" um die Lichter anzuzünden. Oben in Mariannes Zimmer warteten die Geschwister im Dunkeln. Stühle wurden dicht an die Tür geschoben, damit man rasch hinunter könnte, wenn es klingelte. Leise sprachen sie von Kai, nun waren es schon vier Jahre, dass er unter ihnen fehlte, und sie dachten daran, wie lustig der große, blasse Bruder an solchen Tagen gewesen war.

Endlich wurde geschellt, und nun stürzten sie die Treppe hinunter, jeder wollte zuerst kommen. Im Esszimmer standen die Leute in ihrem Sonntagszeug, die Mädchen mit weißen Schürzen und Hauben, die uralte bucklige Köchin, der Gärtner, all die langjährigen Getreuen, die eng zum Schloss und zur Familie gehörten. Die Flügeltüren gingen auf, im Saal wogte es von Lichtern und Tannenduft, im ersten Augenblick waren alle wie geblendet.

Ellen stand vor ihrem Tisch, sie fand alles, was sie sich wünschte, und dazu noch ein Buch, das Kai gehört hatte. Mama kam und küsste sie. „Freust du dich, mein Kind – das ist ein Andenken an Kai – ihr müsst ihn nie vergessen."

Mama sah verweint aus. Es war selten, dass sie so gut mit Ellen sprach und Ellen hätte sich für sie kreuzigen lassen in diesem Augenblick. Das Herz wurde ihr voll von Weihnachtsseligkeit, am liebsten hätte sie laut geweint.

FRANZISKA GRÄFIN ZU REVENTLOW

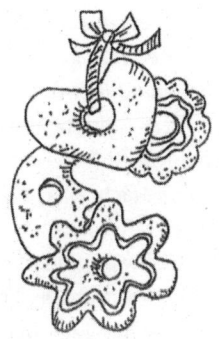

Um 1860, also Jahre vor der gräflichen Weihnachtsfeier in Schloss und Kirche, war der Tannenbaum im Umkreis von Husum offenbar noch nicht bekannt. Katharina Hansen, verheiratete Paulsen (Jahrgang 1844), Mutter des Malers Ingwer Paulsen (1883–1943), Tochter des Pastors Frederik Christian Hansen (1806–1896), der von 1851 bis 1866 Pastor in Hattstedt war, erinnert sich in einem Brief an ihren Sohn an die Back- und Weihnachtstage im Hattstedter Pastorat um 1860. Die Autorin weist auf eine Einrichtung am Herd hin, wie sie auch von den nordfriesischen Eilanden bekannt ist: Um den ebenerdigen Backofen bequem beschicken zu können, befand sich vor dem Herd eine gemauerte Vertiefung im Fußboden, die normalerweise mit einer Holzplatte abgedeckt war. Am Backtag entfernte man sie. Die Hausfrau stieg dann in diese eckige Öffnung, setzte sich auf die Kante und konnte nun bequem die Brote und Kuchen in den Ofen schieben und später wieder herausholen.

Weihnachten in Hattstedt

Kiel, Februar 1919

In meiner Kinderzeit Ende der 50er-Jahre war es in meiner Heimat Hattstedt bei Husum mit der Feier des Weihnachtsfestes anders wie heute. Es war meines Erachtens mehr Poesie dabei. Die Kinder wurden nicht durch vorhergehende Veranstaltungen von der eigentlichen Feier abgelenkt, man kannte keine Ausstellungen, Schulfeiern, Weihnachtsmärchen, Vereinsfeiern und dergl. Den Eltern allein war es vorbehalten, ihren Kindern das Fest mehr oder weniger reich und gemütvoll zu gestalten und darin hatten sie, meine ich, der jetzigen Zeit vieles voraus. Damals hatte man bei uns den Tannenbaum noch nicht. Am Weihnachtsabend stellten die Kinder nach friesischer Sitte einen Teller an das Fenster, auf den dann in der Nacht das „Kindjes" oder „Kindjem" etwas legte, meist Backwaren oder, wenn es hoch kam, Zuckerwerk. Geschenke unter Erwachsenen waren nicht üblich.

Bei uns, die wir einsam auf dem Lande lebten, war das Fest die Hauptbegebenheit des Winters. Wie zählten wir die Tage bis dahin und außer den Schulstunden war es fast unser einziger Gedanke, nicht sowohl um der Geschenke willen, mehr um der damit verbundenen Geschäftigkeit und Feierlichkeit des großen Haushaltes. Wir arbeiteten auch kleine Geschenke für die Eltern und die Großmutter. Es musste heimlich sein und man hatte es sehr wichtig. Dann die Vorbereitungen. Zuerst, etwa 14 Tage vorher, kam das Schlachten. Dazu war Großmutter erwünscht, das Gegenteil unangenehm; dann die letzten Tage vor dem Fest das Kuchenbacken. Noch empfinde ich die Freude des Tages, den Eifer, mit dem bei dem Einrühren des Teiges geholfen wurde, beim Mandelschälen u.s.w. Am eigentlichen Backtag bekamen wir Kinder jeder einen Klumpen Teig. Wir formten daraus alle möglichen Dinge: Tiere, Bäume, Wagen usw. Dann liefen wir zum Mädchen an den Backofen, redeten ihr gut zu und sie schob die Herrlichkeiten in den Ofen, nicht ohne zu ermahnen, aus dem Wege und fort zu gehen, einer Aufforderung, der meistens erst entsprochen wurde, wenn die Backwerke aus dem Ofen kamen. Der Backofen war unter dem großen gemauerten Küchenherde. Im Fußboden war ein viereckiges Loch. In dem saß man und konnte so bequem die Brote und Kuchenplatten hineinschieben und hinausnehmen. War das Backen fertig, wurde das Loch mit einer Platte geschlossen. Das ganze Haus duftete und roch nach Honig und braunen Kuchen. Es war der wirkliche Vorgeschmack des Festes.

Am Tage vor Weihnachtsabend kam dann noch das Weißbrotbacken, Stuten genannt. Unsere alte Köchin formte für jedes Kind ein Brötchen, versah es mit einem Namenszug und wir bekamen es zum eigenen Gebrauch. Eine meiner Schwestern konnte sich davon nicht trennen, sie behielt es in ihren Händen und höhlte es in der Dämmerstunde so aus, dass es bei Lichte besehen nur noch Rinde war. Ein Weißbrot war damals ein Gebäck für Feiertage, Hochzeiten, Beerdigungsfeierlichkeiten und sonstige Gelegenheiten. Täglich aß man feineres oder grobes Roggenbrot. Weil meine Eltern sehr sparsam leben mussten und auch das Zuckerwerk, Marzipan habe ich erst erwachsen kennengelernt, teuer war, formte meine Mutter aus Kuchenteig allerlei Figuren und Tiere, die dann auf den Baum gehängt wurden. Es gab Kühe, Schweine, Pferde, sogar Elefanten.

Entgegen der Sitte unseres Dorfes bekamen wir Kinder einen Tannenbaum und kleine Geschenke. Unseren Dienstboten und den kleinen Dorfgespielen war dies ein besonderes Schauspiel, welches sie anstaunten und bewunderten. Die Dienstmädchen bekamen bescheidene Geschenke: Schürzen, Stoff zu einer Jacke, wenn es hoch kam und sie verlobt waren, ein Gesangbuch mit Goldschnitt. Die Geschenke waren eben Geschenke und kein Teil des Lohnes. Auch ein sogenannter bunter Teller durfte nicht fehlen. Darauf lagen Kuchen, Äpfel, Nüsse. Feigen, eine ausländische Frucht, waren schon seltener. In den meisten Familien gab es am Mittag Pförtchen, ein Hafergebäck, welches auch kalt gegessen wurde, dann eine Spezialität der Gegend: „Klütjen". Dies waren kleine Klümpchen in der Form von Nüssen, mit Mehl und mehr oder weniger guten Zutaten bereitet, steinhart gebacken. Mädchen, Knechte und Kinder bekamen davon große Mengen. Sie dienten zum Spielen während der Festzeit. Man spielte Karten und anders Glücksspiel damit. Wir Kinder machten uns kleine Beutel dazu und es war ein Sport, recht viele Sorten zu haben und sie lange zu bewahren. Es gab sorgsame Leute, die Ostern noch welche hatten.

Auch in unserem Hause gab es die landesüblichen Gerichte: am Mittag Pförtchen mit Kaffee und abends den sogenannten Langkohl mit Schweinskopf.

Ganz früh am Weihnachtsmorgen, in der Dunkelheit, wir Kinder lagen noch im Bett, kamen bereits die armen Leute, alte Frauen, Männer, meist Kinder und sangen ihr Lied, einen Choral, „Vom Himmel hoch, da komm ich her". Die Frauen bekamen Lebensmittel, Speck, Mehl und dergleichen und ein Talglicht, die Kinder Brot. Es wurde dazu extra gebacken oder gekauft und Kuchen oder Pförtchen, den Männern Tabak oder Geld. Bis an den Nachmittag ging es so aus und ein. Pünktlich vier Uhr musste alles fertig sein. Dann fing unser alter Totengräber, Boz mit Namen, an, das Fest einzuläuten. Noch jetzt höre ich am Weihnachtsabend so gern die Kirchenglocken läuten. Mit tiefem Ernst und voller Erwartung hörten wir dem feierlichen Geläute der Glocken zu. Wenn ausgeläutet war, konnte die Bescherung stattfinden. Am anderen Tage ging man in die Kirche, Eltern, Kinder und Personal, was abkommen konnte. Nur das denkbar schlechteste Wetter oder Krankheit hätte die Leute vermocht, zu Hause zu bleiben.

So war es in meiner Kinderzeit in dem abgelegenen Dorfe Hattstedt. Jetzt hat mit der Eisenbahn und der größeren Kultur auch die hübsche Sitte des Tannenbaums Eingang gefunden.

KATHARINA PAULSEN, GEB. HANSEN

Der Berliner Romancier Theodor Fontane (1819–1898) war zwar nie zur Weihnachtszeit in der Region um die Flensburger Förde. Vielmehr besuchte er als Kriegsberichterstatter in dem Jahr 1864 zweimal für einige Tage Flensburg und die Düppel Schanze, um sich ein persönliches Bild von den kriegerischen Auseinandersetzungen zwischen den dänischen, preußischen und österreichischen Truppen zu machen. Sie endeten mit einer Niederlage Dänemarks und läuteten die Annexion Schleswig-Holsteins im Jahre 1867 durch Bismarck ein. Als er mit dem Schiff auf der Förde von Flensburg nach Sonderburg fuhr, fiel Fontane das hohe Steilufer auf der Halbinsel Holnis auf. Hierhin verlegte er 1887 einen Teil des tragischen Eheromanes „Unwiederbringlich". Graf Holk auf Holkenäs will sich von seiner Ehefrau trennen, hat ihr dieses kurz vor Weihnachten persönlich mitgeteilt und will nun am Weihnachtstag mit dem Dampfer von Flensburg aus zurück ins dänische Mutterland nach Kopenhagen fahren. Doch die Abfahrt verzögert sich, sodass er den Heiligen Abend im Hotel in Flensburg verbringen muss:

Heiligabend in Flensburg

Es schlug drei, als Holk in Flensburg einfuhr, und bald danach hielt er vor dem Hillmannschen Gasthause, darin er, bei seinen häufigen Anwesenheiten in der Stadt, regelmäßig Wohnung zu nehmen pflegte. Der Wirt war einigermaßen überrascht, ihn zu sehen, bis er erfuhr, dass der Graf, dessen Stellung am Hofe der Prinzessin er kannte, nur auf kurzen Urlaub in Holkenäs gewesen sei.

„Wann geht das nächste Kopenhagener Schiff, lieber Hillmann?" Hillmann holte die Tabelle herbei, darauf Abfahrt und Ankunft der Dampfer genau verzeichnet waren, und glitt mit dem Finger über die Rubriken hin: „Richtig, Iversens Schiff ist an der Reihe und müsste morgen fahren. Aber der vierundzwanzigste fällt aus; das ist altes Herkommen, und Iversen, der bei seiner Tochter wohnt und schon Enkel hat, wird an dem Herkommen nichts ändern; er steht am Christabend auch lieber unterm Weihnachtsbaum als auf Deck. Ist aber sonst ein guter Kapitän, noch einer von den alten, die von der Pieke an gedient haben. Er fährt also den fünfundzwanzigsten, ersten Feiertag, sieben Uhr abends."

„Und kommt an?" – „Und kommt an in Kopenhagen zweiten Feiertag früh. Das heißt um neun, oder vielleicht auch eine Stunde später."

Holk zeigte sich wenig erbaut von dem allen, und nur, wenn er an Holkenäs zurückdachte, war er doch herzlich froh, die lange Zeit von mehr als zwei Tagen in Flensburg verbringen zu können. Er bezog ein Zimmer im zweiten Stock, das auf den Rathausplatz hinaussah, und nachdem er mit leidlichem Appetit – denn er hatte seit dem Abend vorher so gut wie nichts genossen – ein verspätetes Mittagessen eingenommen, verließ er das Gasthaus, um an der Flensburger Bucht hin einen langen Spaziergang zu machen.

Erst herrschte Dämmerung; aber nicht lange, so zogen im winterlichen Glanze die Sterne herauf und spiegelten sich auf der weiten Wasserfläche. Holk fühlte, wie der auf ihm lastende Druck von Minute zu Minute geringer ward, und wenn er sich auch nach wie vor keineswegs in einem Zustand von Seelenruhe befand, so galt das, was ihm von Unruhe verblieb, doch mehr der Zukunft als der Vergangenheit und hatte vorwiegend den Charakter einer erwartungsvollen Erregung. […]

Erst zu später Stunde war er wieder in seinem Gasthaus, und unter Lesen und gelegentlichem Geplauder mit Hillmann verging ihm der andere Tag. Als aber der Abend hereinbrach, trieb es ihn doch hinaus, durch die Straßen und Gassen der Stadt, und überall wo die Fensterläden noch offen oder nicht dicht geschlossen waren, tat er einen Blick hinein, und vor mehr als einem Hause, wenn er das Glück da drinnen und das Kind auf dem Arm der Mutter sah, und wie der Vater seiner Frau die Hand entgegenstreckte, wandelte ihn doch plötzlich eine Furcht vor dem Kommenden an, und auf Augenblicke stand nur all das vor ihm, was er verloren hatte, nicht das, was er gewinnen wollte.

Welch Heiligabend! Aber er verging, und nun war erster Feiertag, und so langsam sich seine Stunden auch hinschleppten, endlich war doch sieben Uhr heran und die Schiffsglocke läutete.

THEODOR FONTANE

Südwestlich von Flensburg breitet sich die anmutige Landschaft Angeln mit sanften Hügeln, stattlichen Bauerngehöfen und ansehnlichen Herrenhäusern sowie einer Fülle von zauberhaften alten Dorfkirchen aus. Hier hat man genauso gerne wie in Nordfriesland Erinnerungen und Chroniken verfasst. Dem weihnachtlichen Brauchtum und der Beschreibung des Weihnachtstages gilt hierbei das besondere Augenmerk, wobei die Vielfältigkeit erstaunt. Eine umfassende Arbeit hat der ehemalige Lehrer Paul Selk über die Vorweihnachts- und Weihnachtszeit in Angeln verfasst. Auch andere Autorinnen und Autoren hinterließen viele Arbeiten über alte Weihnachtssitten und -gebräuche, nicht nur über die Herstellung von *Wiehnachts-Poppen* oder *Kindjeeskoken*.

Zu nennen ist Dorathea Jürgensen (geb. Josten, 1899–1996). Sie wuchs in einem ansehnlichen Bauernhaus in Ruhnmark bei Rüllschau auf. Nachdem sie die Volksschule und eine dreijährige Ausbildung im elterlichen Haushalt absolviert hatte, studierte sie Englisch, Germanistik und Geographie. Nach dem Assessorexamen heiratete sie den Pastor Nikolaus Jürgensen aus Nordhackstedt. Neben dem Aufziehen von acht Kindern veröffentlichte sie zahlreiche heimatkundliche Aufsätze über ihre Angliter Heimat. Den Festräumen in ländlichen Wohngebäuden, dem *Pesel*, dem *Saal* und der *Stube* (*Beste Stuf*) mit der dekorativen und repräsentativen Ausstattung gilt eine ihrer umfangreichen Abhandlungen: „Festräume in Nordangler Bauernhäusern" aus dem Jahre 1984:

Weihnachten in der „Besten Stuf"

Einmal im Jahr feiert man in der besten Stube nur mit den eigenen Hausgenossen: am Weihnachtsabend! Bei uns ist der Weihnachtsbaum um 1910 noch bunt und mit dem üblichen Christbaumschmuck reich beladen, aber im kinderlosen Nachbarhaus ist die hohe Tanne schon ganz in Lametta erstarrt, nur die Kerzen leuchten daraus hervor.

Auf den vollen „Naschtellern" fast nur Selbstgebackenes. Weihnachtlich sind besonders die „Wrümlinge" und die braunen Kuchen mit der halben Mandel. Die Weihnachtsmänner (Wiehnachspoppn), ein Hefegebäck, gehören in die Vorweihnachtszeit und kommen in „Stutenkörben" des Bäckers ins Haus. Aber es gibt auch verschiedene Sorten von Nüssen, gekaufte bunte Weihnachtskekse und ein paar Schokoladen- und Marzipanstücke. Dazu die erste, manchmal auch einzige Apfelsine des Jahres.

An Geschenken bekommt ein kleines Mädchen etwa ein Puppenbett mit selbstgestopften Daunenkissen und aufknöpfbaren bunten Bezügen, in dem es eine weiße, mit Spitzen besetzte Puppennachtjacke aus einem Barchentrest vorfindet.

Eine große Freude ist es, wenn die seit Wochen verschwundene „Knuckeldore" mit neuem Gesicht und langen Haaren zum Kämmen, in neuem Kleid und „Tändelschürze" auf dem Weihnachtstisch wieder auftaucht. Größere Mädchen haben sich vielleicht ein Genoveva-Buch oder einen Nähkasten gewünscht. Ein kleiner Junge kann einen Baukasten auf seinem Platz finden, Pferd und Wagen zum Ziehen oder eine Soldatenuniform aus Pappe zum Vorbinden mit dazugehöriger Mütze und einem Säbel zum Umschnallen. Das schönste Geschenk für einen größeren Jungen ist eine „Salonbüchse" zum Spatzenschießen. Es gibt meistens nur ein Geschenk, aber das ist ein Spielzeug.

Mit den Schlittenglocken der Pferde wird zur Bescherung geläutet. Man singt die bekannten Weihnachtslieder, bei denen die Hausfrau die zweite Stimme hält. Besonders gut klingt das von den „Mädchen" gewünschte „Am Weihnachtsbaum die Lichter brennen".

Die Knechte, heute in Schlips und Kragen, sind sehr zurückhaltend, auch die jungen Mädchen, sonst hier hausgewohnt, stehen heute so sittsam in ihren weißen Schürzen da, man muss sie zu ihren Plätzen führen. Sie dürfen eine neue Schürze, ein paar Handtücher oder ein Stück Bettwäsche für die Aussteuer erwarten, die Knechte Strümpfe, Handschuhe, Taschentücher und Zigarren. Wenn sie ihre Geschenke bekommen haben, suchen sie sofort die Hausfrau (de Fru) und den Hausherrn (de Buur) auf, um sich mit Handschlag zu bedanken. Der Bauer und seine Frau tauschen keine Geschenke aus. Mutter schlägt nun die Hauspostille von Pastor Jensen, Breklum, auf und liest die Predigt für den Weihnachtsabend. Jedes Jahr dieselbe. Die Worte klingen ganz vertraut. Neben dem Tannenbaum werden die Pferde gefüttert und unter dem Tisch die Puppen zu Bett gebracht. Düfte von Hasenbraten und Rotkohl breiten sich aus.

Nach dem Essen und Abwaschen kommt die Zeit des Spielens. Die Hausfrau stellt ein paar tiefe Teller mit Wrümlingen auf den Tisch, und nun spielt man „Muus".

DORATHEA JÜRGENSEN

Peter Nicolai Jacobsen (1848–1908) war Landwirt in Nottfeld bei Süderbrarup. Wenn auch seine berufliche Betätigung nicht unbedingt als erfolgreich zu bezeichnen ist, so hat er sich doch als empirischer Heimatforscher einen Namen gemacht. Er entdeckte und sicherte u. a. zwischen Süderbrarup und Nottfeld mehrere Urnenfelder, die sich heute in Kiel im Museum für vorgeschichtliche Altertümer befinden. Auf etwa 100 handgeschriebenen Seiten erzählt er außerdem unter der Überschrift „De Angler in ole Tiden" vom Alltagsgeschehen und von den Gebräuchen in Angeln. Darin berichtet er anschaulich über das Weihnachtsfest, das unendlich bescheiden verlief:

Angliter Winachten

An den 24. Dezember fören de meersten Buurn to Stadt. Da kemen en paar Tonnen Korn op de Waag, un weer da rieklich Mettwurst un Swiensköpp, so kemen dar ok welke von mit. In de Stadt worr denn wedder köft, wat die Frau noch to dat Fest in den Huushollung fehlen dee. Dor weer nu so meereres bi de Koopmann to besorgen un bi de Bäcker de Kind-Jeespoppen un velicht ok noch en Winachtsstut, de ut Weetenmehl backt weern un mit Gewürz, Rosinen un Botter in.

Son acht Daag vör Winachten kunn dat mitünner malören, dat Robbert mal vörkeek op en Avend un höre, wodennig de Kinner sick schickt harrn. He harr denn en grote Bettlaken över de Kopp, so dat dar nich ganz veel meer to seen weer as de Ogen un de Nees un de lange flassfarvige Baart. In de Hand harr he en Strukbessen, de grote Ähnlichkeit harr mit de Stallbessen, de in de Peerestall weer. He frog denn de Kinner, wodennig se sik schickt harrn. Dar weer aver keen von to Huus. Welke seten ünner de Disch un de eene harr sik hier verstaken un de annere dar, so dat de Öllern woll dat Oordeel spreken müssten.

Winachtenavend geev dat as Vörkost to Middag Warmbeer oder sönst wat un naher Mulebroot mit en beten Speck un Flesch to. De Frau kake des Vörmiddags all dat Speck, Fleesch un Swienskopp, de et to Winachtenavend geven schuld. Des Avends worr dat man opwarmt. De Buurn kemen Winachtenavend all frö wedder von de Stadt. Se weern aver des Morns ok all frö wegfören. To Vesper geev dat Fienbroot mit Speck un Fleesch belegt un Köm un Beer to. Naher, wenn da af de Disch sett weer, so kreeg de Buur dat Predigtbook her oder de Bibel un lees dor wat ut vör. Wenn dat Avendkostiet weer un allns an de Disch seet, so worr da erst en paar Versen von en Winachtsleed ut dat Gesangbook sungen un denn beet.

Deerns, Knechten un Kinnert, all keemen se mit de Nöötpaas an. Dar schull ningelt warrn. De Ningel worr hersöcht un en Knoopnadel, de dör dat Lock in de Disch slaan worr. Denn neem man en Stück Kried un dreie et mit de Ningel rund. So harr man de Zirkelslag.

Denn woorn de Nummers da üm schreven un twischen jede Nummer de Streck halvig. De dat nu 11 ningelt hat, demutteen Nööt op 11 setten, denn dar is nix op. Blifft en staan op en Nummer, de besett it, so warrn de Nööt afnamen. Dat Ningeln geit de Reeg rund von de, de da mitspelen deen.

Peter Nicolai Jacobsen

Von Angeln führt der weihnachtliche Pfad auf die Geest nach Neumünster. Hier feiert der Junggeselle Paul Dittmann im Jahre 1878 das Fest bei seinem Vermieter. Er ist ein Sohn der Landschaft Schwansen. Im Jahre 1849 wurde er in Klein-Waabs als ältester Sohn des Arztes und Naturforschers Dr. August Friedrich Dittmann (1817–1885) geboren. Sein Großvater Georg Friedrich Dittmann (1785–1854) war Pächter auf Sönderbyhof gewesen, das zum Adligen Gut Büstorf (Schwansen) gehörte. Dr. August Friedrich Dittmann war Arzt in Arnis, Klein-Waabs, Schleswig und Tolk. Ab 1863 lebte er bis zu seinem Tode als Landschaftsarzt in Keitum auf Sylt.

Paul Dittmann war im mittleren Verwaltungsdienst in Schleswig und Flensburg tätig. Um 1900 verliert sich seine Spur. Aus den Jahren 1866 bis 1879 erzählt er seiner Mutter Elisabeth (geb. Jensen, 1822–

1896) aus Höckholz (Schwansen) und seiner Schwester Ina (1859–1921) seine Erlebnisse und schildert vor allem Weihnachtsszenen aus den unterschiedlichen Orten seines wechselnden Aufenthaltes in Schleswig-Holstein. Seinen umfänglichen Brief betitelt er „Weihnachtsbilder, buntes Allerlei aus meinem Leben aus den Jahren 1866 bis 1879". In den Jahren 1877 und 1878 wurde er zweimal als stellvertretender Bezirksfeldwebel nach Neumünster beordert. Hatte er beim ersten Mal nur eine bescheidene Dachstube mit Morgenkaffee mieten können, waren es beim zweiten Mal „zwei nette geräumige Zimmer mit hohen Fenstern in der Nähe des Bahnhofes, in der sogenannten Kieler Straße". Der Hauswirt, ein Herr Peter, betrieb eine Trikotagen- und Strumpffabrikation, seine Frau führte einen kleinen Laden mit Kurzwaren. Am Weihnachtsabend des Jahres 1878 folgt Dittmann einer Einladung in die Wohnung seines Vermieters:

Weihnachten in Neumünster

Unwirsch klappte ich mein Buch zu und beschloss plötzlich, meinem biederen Hauswirte, Herrn Peter, und Frau einen kurzen Besuch abzustatten; vielleicht brachte mich dieses auf andere Gedanken. Rasch führte ich meinen Plan aus, stieg hinab in den Orkus und sah mich im nächsten Augenblicke von einer zahllosen Schar schreiender, heulender, quiekender und auf diabolischen Instrumenten musizierender Kinder umringt. Die schweißtriefende Mutter und Hausfrau stand inmitten des Getümmels wie ein trotziger, aber doch schon halb von den Wogen unterwühlter Fels im brandenden Meer an Nordlands Küste. Mit der letzten Aufbietung ihrer Kraft und Autorität suchte sie ein zweifelhaftes, im höchsten Grade zerfetztes Stück Fichtenstrauchwerk, welches sie um ihr hochgerötetes Haupt schwang, wie die Druiden der alten Gallier den Mistelzweig vor der Opferung, vor den raubgierigen Händen ihrer Horden zu retten.

Mein ahnungsvoller Geist sagte mir, dass dies geheimnisvolle Symbol in ihrer Hand den Weihnachtsbaum vorstellte oder vielmehr vorgestellt hatte, denn die Plünderung desselben war bereits bedenklich weit vorgeschritten, und von den Früchten und Sachen, die ihn geschmückt, sah man nur noch die letzten Reste.

Mein Eintreten beschleunigte das Ende des Kampfes, denn während die Frau meinen Gruß erwiderte und mich durch hilflose Gesten einlud, im traulichen Familienzirkel Platz zu nehmen, benutzten ihre Gegner den Moment zu einem coup d'éclat et de main und bemächtigten sich des Feldzeichens mit infernalischem Gejauchze.

Bald waren der letzte Flitterschmuck, vor allem aber die essbaren Sachen, von demselben abgestreift, und einer der wildesten Sprösslinge, der auf den romantischen Namen Oswald hörte, benutzte den geknickten Stamm des ernsten nordischen Baumes als Steckenpferd und jagte damit um den Tisch herum wie der Hunnenkönig Attila um die Ruinen einer zerstörten Feste.

Der kleine krausköpfige und ängstliche Vater dieser Gesellschaft hatte sich still hinter Stuhl und Tisch verschanzt, und lechzte sich hier an den Überresten eines sehr fetten Schweinebratens, welche er mit einem Glase rötlichen Punsches würzte.

Bei ihm suchte ich denn auch in meiner Bedrängnis eine Zuflucht, lehnte die Speisen ab, nahm aber ein Glas Punsch und ließ mich geduldig von den Freuden des heutigen Abends, welcher mit denen der früheren Jahre in Vergleich gestellt wurde, erzählen.

Die Sprösslinge zeigten mir abwechselnd Teile ihrer erhaltenen Geschenke, als das Bein eines Hampelmanns, den abgerissenen Kopf einer Puppe oder eine Peitsche mit geknicktem Stiel, während die älteste, 14-jährige Tochter einem verstimmten, wackeligen Spinett unsagbar herzzerreißende Töne entlockte, welche nach der Mitteilung der Mutter das „Gebet der Jungfrau" vorstellen sollten, in Wahrheit jedoch eher klangen wie das Jammern einer altersschwachen kranken Katze, die das Unglück hatte, mit 9 Schwänzen zur Welt gekommen zu sein und nun von einem bösen Geiste abwechselnd auf jeden einzelnen Schwanz, auch zu Zeiten auf alle neun zugleich getreten wurde.

Hier hatte ich endlich meinen Wunsch erfüllt und war meinen eigenen trüben Gedanken entflohen, denn bei dem um mich herrschenden Getöse war es überhaupt unmöglich, nur irgendeinen klaren Gedanken zu fassen. Bald schwirrte und brummte mir der

Kopf, ich war nämlich unfähig, die auf mich einstürmenden Fragen zu beantworten, ja nur zu verstehen und empfahl mich.

Paul Dittmann

In Kiel wird der Weihnachtsbaum seit 1820 erwähnt. Erstaunlicherweise finden sich aus hochherrschaftlichen Kreisen darüber keine Berichte, obwohl die großen Familien des Landadels, die in den prachtvollen ländlichen Herrenhäusern lebten, für die Winterzeit stattliche Palais in der Hafenstadt besaßen. Aber unzählige Kielerinnen und Kieler aus bürgerlichen Kreisen und auch aus der Arbeiterschicht wurden nicht müde, das Weihnachtsfest, den Weihnachtsmarkt und den Tannenbaum in zahlreichen Facetten zu beschreiben. Hiermit heben sie sich wohltuend von den Lübeckern ab, die derartig ausführliche Schilderungen vermissen lassen.

Von Theodor Storm, der seine Studienzeit überwiegend in Kiel verlebte, ist zu lesen bis hin zu dem Schauspieler Hans Söhnker (1903–1981), dessen Vater ursprünglich Werftarbeiter war, von der Schriftstellerin Emma Müllenhoff (1871–1944) bis hin zu dem niederdeutschen volkstümlichen Autor Hein Blomberg (1915–2001), der im sogenannten Stinkviertel groß geworden war. Sie alle erzählen mit Liebe und Detailtreue von den festlichen Tagen in der Stadt „tom kyle".

Der aus einem gut situierten Professorenhaushalt stammende Jurist Geert Seelig hat sich nicht nur eloquent über das vorweihnachtliche Plätzchenbacken ausgelassen, sondern seiner Feder entstammt auch die Darstellung der Feiertage in den sogenannten besseren Kreisen am Schwanenweg aus der Zeit vor dem Ersten Weltkrieg. Hierbei zeigen sich Parallelen zu der fast 50 Jahre zuvor erlebten Kinderweihnacht seines Berufskollegen Theodor Storm in Husum.

Weihnachtstage am Schwanenweg

Hoch und Niedrig beging auch die Weihnachtstage im Grunde mit dem gleichen Zeremoniell.

Ich will gleich voranschicken, dass, soweit meine Feststellungen von damals ausreichen, eigentlich von dem christlichen Charakter des Weihnachtsfestes sehr wenig zu spüren war, es war sicherlich immer noch das nordische Julfest mit seinen Schmäusen und Trinkgelagen, seinen Späßen und Überraschungen, welches in Schleswig-Holstein dem Fest den Charakter verlieh. Bezeichnenderweise wurde der 24. Dezember im Hinblick auf die reichliche, ja üppige Bewirtung der Dienstboten auf dem Lande von diesen noch vielfach *Vullbuksabend* genannt, überall spielte das von Hausgenossen bereitete oder von Freunden übersandte Bündel mit Überraschungen und Scherzen *„de julklapp"* hinein, das während der Bescherung von einer fremden Person mit möglichst lautem Ruf *„Julklapp!"* auf die Diele geworfen werden musste. Von dem christlichen Beiwerk dieser Tage, dem St. Nikolaus und dem Knecht Rupprecht, habe ich aber, außer aus erziehlichen Weihnachtsgeschichten und lammfrommen Bilderbüchern meiner Tage, nichts gewusst. Altheidnisch war auch gewiss der Gebrauch, das Fest den altnordischen „Zwölften" – den zwölf heiligen Nächten – entsprechend etwa zwölf Tage lang, vom 24. Dezember bis zum 2. Januar, zu feiern. In dasselbe Gebiet gehörte auch die Tatsache, dass die christliche Vorstellung der Erlösung durch die Geburt des Heilands und die Darstellung solcher durch eine aufgebaute Krippe und dergleichen der Festfeier gänzlich fehlten. Uns Kindern war Weihnachten ein tatsicheres bürgerliches Etwas, das sich ganz genau – und darin lag ein gut Teil des Reizes – mit etwas Fantasie und Erinnerungsvermögen Punkt für Punkt im Voraus ausrechnen ließ, und eine Krippe habe ich meines Erinnerns in Kiel niemals gesehen. So war auch die Herrichtung des Tannenbaums durchaus keine Überraschung durch die Eltern, vielmehr wurde sein Schmuck ganz durch uns Kinder besorgt. Angemessene Zeit vor dem Dezember wurde gemeinsam an einem ereignisvollen Nachmittag der nötige Schatz an Süßigkeiten und buntem Papier eingekauft. Denn das fertige Tannenbaumkonfekt wurde, seit am Kriegsweihnachten 1870 das dafür sonst angelegte Geld an die Verwundeten gegangen war und wir uns den bunten Schmuck selbst hergestellt hatten, nicht mehr gekauft. Wir Kinder saßen vielmehr viele Abende um die Lampe und schnitten für knalllose Knallbonbons die bunten Seidenpapiere zu, in die wir später die Bonbons selbst einwickelten, ebenso aus Glanzpapier die Ketten und Netze und klebten aus Gold und Silber, Rot und Blau eine andere Art Ketten, den Baum damit zu umwinden.

Solange ich erinnern kann, wurde der Baum in unserm großen Garten aus den schlagreifen Beständen gefällt, oft daher eine silberige Edeltanne oder ein seltenes ausländisches Stück. Einmal wurde auch zu Weihnachten, weil eine ganze Reihe von Fichten beseitigt werden musste, das Esszimmer neben dem Saal in einen grünen Wald verwandelt. Am 24. Dezember morgens stellten wir allesamt den Baum im Saal an der Schmalseite vor der Gartentreppe auf, befestigten die Wachslichter mit Stücken geglühten Eisendrahts als Haltern und behingen das Grün mit unsern Kunstwerken. Auch die Sendungen für die Bekannten in der Stadt, vereinsamte alte Fräuleins, frühere Dienstboten und kümmerliche Nähmamsells wurden an diesem Tage besorgt. Dann gab es um 1 Uhr das Weihnachtsessen, zu dem unweigerlich – gewiss ein Nachfahr der nordischen Grütze – *lummeriger Reis* gehörte, d. h. Milchreis mit einer dicken Schicht von Kanehl und Zucker. Dann packte meine Mutter die Tische auf, die alle Jahr für Jahr, um die rechte Freude zu erregen, den gleichen Stand hatten, der Meinige an der inneren Längswand des Saals zwischen den beiden

Flügeltüren zum Wohnzimmer und Korridor. Zuerst wurden die „Teller" aufgestellt, ein Essteller auf jedem Platz, der mit weißen und braunen Kuchen, Nüssen, Äpfeln, Rosinen, Mandeln, Schokolade und Zuckerwerk gefüllt war. Dann wurden wir Kinder allerdings hinausgesetzt und die Schlüssellöcher vor unbefugten Späherblicken von innen mit Papierpfropfen gesichert. Um 5 Uhr gab es Tee mit eigenem Gebäck, die zur Bescherung geladenen Gäste und Freunde fanden sich ein und im Ganzen entwickelte sich ein Zeremoniell, genau so wie Theodor Storm es „Unter dem Tannenbaum" als schleswig-holsteinisch schildert. Weihnachtslieder gab es nicht, nur in meiner frühesten Jugend, als die Verwandten Brockenhuus noch von Itzehoe zu uns zum Fest kamen, sang mir mein Onkel vor der Bescherung beim flackernden Ofenfeuer Lieder vor, die – ich muss es zu meiner Beschämung gestehen – mein heftigstes Entzücken erregten und die ich bis zur Stunde noch auswendig weiß, obwohl sie mit der Festfeier nicht das Geringste zu tun hatten. Das waren die satirischen Bänkelsängerlieder, mit denen der Groll gegen die Reaktion und ihr Getue sich nach 1848 Luft machte, z. B.:

> In Bayreuth war er geboren
> Und sein Vater war der Schlosskastellan.
> Doch den er zum Mord sich auserkoren,
> War ein alter Privatmann!

Oder:

> An dem fünften Januare,
> Gerad vor 76 Jahre,
> Kam zu Neustadt an der Lind
> Jakob Brehm zur Welt als Kind.

Wenn dann die bedeutungsvolle Stunde geschlagen hatte und mein Vater mit dem Onkel die Lichter entzündet hatte, wurden die Türen geöffnet. Ich vermag heute noch das Gefühl unbeschreiblichen atemversetzenden Glücks nachzuempfinden, das mir der Augenblick des

Eintritts bereitete, rieche noch die aus dem Qualm der Wachslichter, dem brenzlichen Geruch angebrannter Tannennadeln, dem Duft der frischen braunen Kuchen und Pfeffernüsse, des Lübecker Marzipans gemischte Zimmerluft, sehe mich noch mit langsamen und stockenden Schritten nach meinem Platz zwischen den Türen wandeln.

Jedes Mal war ich überrascht, ja erschlagen durch die Reichlichkeit der Geschenke. Mit einem vorkriegsmäßigen Geschenktisch würde der unserige natürlich keinen Vergleich aushalten können, waren doch die meisten Sachen einfach nötige Ausstattungsstücke, die ganz allgemein als Weihnachtsgeschenke behandelt wurden. Die andern Geschenke waren vielfach dauerfestes Spielzeug der älteren Geschwister, das für den jüngsten wieder aufgefrischt wurde. Meine Mutter wusste aber durch Kleinigkeiten, die außerhalb unserer auf Grund der Gespräche über den „Wunschzettel" ziemlich sicher aufgemachten Berechnung lagen, unsere besondere Genugtuung hervorzurufen, vor Allem aber auch mein Vater, wenn er aus Berlin Dinge mitgebracht hatte, die jenseits unserer durch die Kieler Läden und Schaufenster begrenzten Fantasie lagen.

Dazu das Wonnegefühl eine gute Woche lang ungestört von den Erwachsenen in diesem Zauberreich sich tummeln zu dürfen – denn die Geschenke blieben alle bis zum 31. Dezember im Saal – die Aussicht auf das leckere Essen während der Festzeit, die unbeschränkte Herrschaft über die Herrlichkeiten des Tellers, der gütig nachgefüllt wurde, die freundlichen Mienen und das Bestreben der Erwachsenen, das Vorrecht der Kinder an diesen Tagen anzuerkennen, die glänzenden Überraschungen, die uns etwa eingeladene Freunde des Hauses bereiteten, das Alles verschmolz zu einem Gesamtton vollkommener Freude. Um 9 Uhr gab es dann ein Abendessen, dessen Hauptbestandteile als traditionelle Weihnachtsgerichte Karpfen und Förtchen bildeten, dazu Punsch und Wein, auch für uns Kinder. Mit alkoholischen Getränken war meine Mutter uns Kindern gegenüber eigentlich ziemlich sorglos, sie hat oft ausgesprochen, dass es für einen Mann zur Erziehung gehöre, mit Anstand alle wünschbaren Mengen geistiger Flüssigkeiten ohne äußern Schaden zu sich nehmen zu können, und ich muss gestehen, bei ihren eigenen Söhnen ist sie mit diesem als allgemeiner Erziehungsmaxime doch wohl etwas gefährlichen Grundsatz ganz gut gefahren.

Mit Besuchen und gegenseitigen Einladungen wurde die Festwoche ausgefüllt, bis dann am Silvesterabend der Baum noch einmal angezündet und dann geplündert wurde – einer Übung, die häufig dadurch hinfällig wurde, dass mein Bruder Walter und ich das Plündern vorher für unsere Rechnung besorgt hatten, wobei wir vorsichtshalber in die entleerten bunten Hüllen Nussschalen oder Kohlenstückchen wickelten.

GEERT SEELIG

Wenn eine Weihnachtskrippe auch in Schleswig-Holstein nicht so häufig zu finden ist wie in Süddeutschland oder Österreich, so haben sich doch viele Familien noch immer dieser Tradition verschrieben und stellen alte und neue Figuren unter dem Tannenbaum oder auf einem Tisch auf. Hierbei geschah einer kinderreichen Familie etwas Unvorhergesehenes:

Die Weihnachtskrippe

Weihnachten ist die Zeit der Krippen. Auf einem kleinen Gut im Kreis Segeberg wurde alljährlich im Wohnzimmer eine besonders schöne erzgebirgische Krippe aufgebaut. Sie stammte noch von den Eltern des jetzigen Hofbesitzers. Die fast handgroßen Figuren stellten nicht nur die Heilige Familie, die drei Weisen aus dem Morgenland sowie die armen Hirten nebst einigen musizierenden Engeln und staunenden Kindern dar, sondern die Krippe war auch mit einer vielfältigen Menagerie ausgestattet. Ochs und Esel, Schafe, Hühner, Gänse, Pferde, Ziegen sowie Dromedare, Strauße und Kamele scharten sich andachtsvoll um das Jesuskind in der hölzernen Futterraufe. Ein großes Schindeldach beschützte die gesamte Gruppe, auf dem zur Krönung der Stern befestigt war. Alljährlich, wenn die Familie irgendwo im Urlaub passende weitere Figuren erblickte, wurden diese hinzugekauft. Und auch das Umfeld der Krippe wurde durch die halbwüchsigen Kinder des Hauses ständig erweitert. Da stellte man kleine Äste als Bäumchen auf, legte mit Steinchen bestreute Wege an, bastelte einen Ziehbrunnen und schnitzte Gatter und Tore. An der Gestaltung der Krippe nahm die gesamte Familie jedes Jahr wieder mit viel Freude Anteil und verbrachte Stunden mit dem Aufbau und der Ergänzung.

In diesem Jahr sollte richtiges Moos von unterschiedlicher Art hinzukommen. Im Wald, der zu dem Gut gehörte, hatten die Kinder im Herbst verschiedene Sorten entdeckt und sich die Stellen gemerkt. An einem frostigen Nachmittag zogen alle dorthin und füllten einen Weidenkorb mit den grünen Polsterpflanzen. Auch kleine Grasbüschel, die schon ein wenig fahl waren, packte man dazu sowie Bucheckernsamen, Eicheln und kleine Rosskastanien. Aus diesen Dingen baute man am Morgen des Heiligen Abend eine kleine Landschaft auf und setzte einige der Tier- und Engelfiguren hinein.

Nach dem Mittagessen fuhr die gesamte Familie zum Gottesdienst in die nächste altehrwürdige Dorfkirche. Zu den Klängen der kostbaren Orgel wurden von allen Besuchern die altvertrauten Weihnachtslieder gesungen: „Tochter Zion, freue dich", „Macht hoch die Tür, die

Tor macht weit", „Es kommt ein Schiff geladen" und „Ihr Kinderlein kommet". Zum Schluss sang die gesamte Gemeinde frohen Herzens nach der Melodie des österreichischen Komponisten Franz Xaver Gruber (1787–1863) die Verse seines Landsmannes Joseph Mohr (1792–1848) „Stille Nacht! Heilige Nacht!"

Beschwingt fuhr die Familie nach Hause und beschwingt wurden die Stearinkerzen am Tannenbaum entzündet. Warm wurde es im Wohnzimmer, was allen nach dem Aufenthalt in der kühlen Kirche gut tat. Ein wohliges Gefühl machte sich breit.

Doch da fing es plötzlich in der Krippenlandschaft leise zu knistern an, zu rascheln und zu flattern. Kleine Käfer krabbelten an den Grashalmen empor, Falter versuchten, über das Moos zu flattern, Fliegen erhoben sich summend. Mit den Pflanzen hatte die Familie zahlreiche in der Kälte erstarrte Insekten aus dem Wald mit ins Haus gebracht, die nun in der Wärme zu neuem Leben erwachten. Wollten auch sie dem Christkind huldigen?

Die Halbinsel Fehmarn war zu Lebzeiten der Dichterin Charlotte Niese (1854–1935) noch nicht durch eine Brücke mit dem schleswig-holsteinischen Festland verbunden. Damals musste man mit einem Boot nach Heiligenhafen segeln oder rudern. Die frühe Kindheit verbrachte das kleine Mädchen im Pastorat in Burg, wo ihr Vater Seelsorger war. Die Autorin ließ sich zur Lehrerin ausbilden, war auch als solche eine Zeit lang tätig, ebenso wie als Gouvernante auf dem Gut Ascheberg bei Plön. Dann stand sie ihrer verwitweten Mutter, die Pensionsgäste hatte, in deren Haushalt in Plön bei und begann, sich schriftstellerisch zu betätigen. Eine Fülle von erfolgreichen Romanen, oft mit historischem Hintergrund, wurde in den folgenden Jahrzehnten von ihr verfasst. Später zog sie nach Altona.

Weihnachten in einem Pastorat auf Fehmarn

Es hatte vom Kirchturm fünf geschlagen – nun musste es bald klingeln! Schon waren wir, um die fieberhafte Erregung auszutoben, treppauf und treppunter gelaufen, dann hatten wir unsre Weihnachtslieder aufgesagt, wobei ich zu meiner Bestürzung bemerkte, dass ich das von Jürgen besser konnte als mein eignes – ein kleiner Streit war auch entstanden, weil jeder voranstehen wollte beim Hineingehen ins Zimmer, und dann – ja dann klingelte es wirklich! Es war keine Täuschung – es klingelte, wir aber konnten es doch nicht so recht glauben. Wir standen ganz still und sahen uns an – war es denn wirklich möglich – durften wir das herrliche, einzige Weihnachtsfest wirklich erleben? Da wurden wir gerufen – es kam etwas Feierliches über uns; scheu und langsam traten wir näher, und dann sahen wir die strahlenden Weihnachtsbäume.

Dies ist die Nacht, da uns erschienen des großen Gottes Herrlichkeit. Ja, dies war die Nacht, und wir, die wir diese irdische Herrlichkeit sahen, dachten immer, sie könne nur übertroffen werden von dem Tage, wo wir an die dunkeln Pforten der Ewigkeit klopfen würden, und die Tür des Himmels sich öffnen würde.

Als wir nun unter den Weihnachtsbäumen standen, kehrte unsre Fassung wieder zurück, wenn wir auch wie auf Rosenwolken gingen. Wir hörten das Weihnachtsevangelium, wir besahen unsre Geschenke, und ich hatte den grünen Papagei so total vergessen, dass seine Abwesenheit gar nicht von mir bemerkt wurde. Mein Weihnachtslied ging sehr gut. Zweimal nur wusste ich nicht weiter, und den dritten Vers überschlug ich aus Versehen – aber ich war doch außerordentlich mit mir zufrieden, denn es hätte viel schlimmer ausfallen können.

CHARLOTTE NIESE

Denkt man als Nicht-Lübecker, besonders als Tourist, in der Vorweihnachtszeit an die alte Hansestadt an der Trave, so kommen sofort anheimelnde Assoziationen auf, die insbesondere Thomas Mann (1875–1955) in seinem Erfolgsroman „Buddenbrooks" meisterlich vermittelt: vielfältiges Glockengeläut von St. Marien und den anderen Kirchen, üppige Mahlzeiten in einem pompösen Speisesaal, dekoriert mit einem prachtvoll geschmückten Tannenbaum, begleitet von aufwendigen Geschenken in einer Atmosphäre von Wohlbehagen, Festlichkeit, Selbstzufriedenheit, Sättigung und Langeweile. Er wird es nicht müde, in unterschiedlichen Variationen die festlichen Stunden zu schildern, wobei ihm der Haushalt seiner Großeltern Mann im „Buddenbrookhaus" Vorlage war.

Neben Thomas Mann waren es allerdings nicht allzu viele Lübecker Autoren, die diese dunkle, doch so gemütliche Jahreszeit atmosphärisch eindrucksvoll wiedergaben, in Romanen, Erzählungen, Erinnerungen sowie Gedichten verklärten und aus dem Alltag in eine unnachahmlichen Festlichkeit heraushoben. Allerdings finden sich auch in anderen vermögenden Lübecker Großfamilien wie den Eschenburgs oder Fehlings die Beschreibungen von ähnlichen Zusammenkünften, insbesondere den regelmäßig veranstalteten „Familien-" oder „Kindertagen", bei denen bis zu 50 Angehörige aller Altersgruppen versammelt wurden, denen das reichlich vorhandene Personal jegliche Bequemlichkeit ermöglichte.

Bei der Durchforschung der Quellen für Weihnachtstexte ist es bemerkenswert, dass insbesondere bei den älteren Texten mehr die Beschreibung des Weihnachtsmarktes und der Geschenke und nicht so sehr die Stimmung am Heiligen Abend in den Wohnräumen oder in den Kirchen beim Weihnachtsgottesdienst eine vorrangige Rolle spielt. Das mag daran liegen, dass Lübeck von alters her eine nüchterne Kaufmannsstadt ist. Dennoch sollte man sich heute gefangen nehmen lassen von dem Zauber Lübecks zur Weihnachtszeit.

Bei dem Städtenamen Lübeck werden wohl zuerst Assoziationen an das Marzipan wach, das es am frischesten und wohlschmeckendsten bei der traditionsreichen Firma Niederegger gibt. In unendlichen Geschmacksvarianten und Formen, geschminkt und ungeschminkt, mit und ohne Schokoladenüberzug, vermag diese süße Köstlichkeit den Gaumen zu verwöhnen. Thomas Mann spricht vom „Haremskonfekt" und erwähnt es mehrfach in den „Buddenbrooks". Andere Autoren versäumen ebenfalls nicht, es lobend in die literarische Unsterblichkeit eingehen zu lassen — wie etwa Theodor Fontane oder Theodor Storm, die es sich beide aus Lübeck kommen ließen. Kein Wunder, dass sich im Jahre 1872 sogar ein „süßes Bilderbuch" in Versform damit beschäftigt hat und es den Naschkatzen anpreist.

Wie der Lübecker Marzipan zu den Kindern kommt

Ihr kennt gewiss den Weihnachtsmann,
Der holt von Lübeck Marzipan;
Viel große Kisten packt er aus,
Trägt Süßigkeit von Haus zu Haus.

Auch dies Jahr wollt' er seine Kisten
Nun wiederum zur Reise rüsten
Da hat, im Marzipan versteckt,
Er dieses Bilderbuch entdeckt.

Schön! Sprach er schmunzelnd mit Behagen
Was wird mein Völkchen dazu sagen?
Hier habt ihr', seht die Bilder an,
Sind sie nicht süß, wie Marzipan?

UNBEKANNTER VERFASSER

Aber eigentlich ist ganz Schleswig-Holstein ein „Marzipanland". In zahlreichen gedruckten und handgeschriebenen Rezepten finden sich Anleitungen zur Herstellung dieser nicht ganz kostengünstigen Süßigkeit, die vor allem eines sein muss: frisch und saftig, denn das Mandelöl verflüchtigt sich leicht. Die Schleswig-Holsteinische Kochbuchklassikerin Johanna Kuss (Jahrgang 1813), Pastorentochter aus Kellinghusen und viele Jahre als autodidaktische Lehrerin in Segeberg, in der Nähe Lübecks lebend, hat eine Fülle von Rezepten des Landes in ihrer Sammlung „Die Holsteinische Küche" zusammengetragen (erstmals erschienen 1856 und immer wieder neu aufgelegt). Hierin findet sich auch ein Marzipanrezept:

Marzipan

Es werden 500 oder 1000 gr. (1 oder 2 Pfund) Mandeln und ebensoviel Zucker genommen. Die Mandeln werden gebrüht und auf ein Tuch zum Trocknen gelegt. Sind die Mandeln ganz trocken, werden sie so fein als möglich gestoßen oder gerieben und mit dem sehr feinen Zucker, Orangen- oder Rosenwasser, abgeriebener Zitronenschale und ein wenig Zitronensaft zusammengerührt. Das so Zubereitete wird abgebacken, bis es loslässt [wie ein Brandteig in einem Topf, Anm. d. Verf.], auf dem Backtisch ausgerollt [auf Haushaltsfolie, Anm. d. Verf.] und zu beliebigen Formen gebildet. Man kann auch die ganze Masse zusammenlassen zu einem Kuchen. Der Marzipan wird dann fingerdick ausgerollt, auf Oblaten gesetzt und in einem verschlagenen Backofen mehr getrocknet als gebacken. Ist der Marzipan trocken, belegt man ihn beliebig mit eingemachten Früchten. Die Kanten können vor dem Backen vermittelst eines kleinen Kneifeisens oder einer Schere verziert werden.

Am 26. Dezember 1819 wurde in Lübeck Heinrich Leo Behncke (1819 bis nach 1900) geboren. Sein Vater und auch schon sein Großvater waren Weingroßhändler in der Hansestadt, mit weltweiten Geschäftsbeziehungen. Sein Vater gründete zusammen mit einem Freund in Lübeck die Weinhandlung Behnke und Quenteff. Aufgrund der Erbschaft seiner Bremer Ehefrau konnte er bald das Geschäft erweitern und lebte nun zusammen mit der sich vergrößernden Familie in gutbürgerlichen Verhältnissen in einem dreistöckigen Geschäfts- und Wohnhaus in der Schüsselbuden Nr. 2 und – wie viele gut situierte Familien – im Sommer in einem Gartenhaus in der Nähe von Travemünde. Zusammen mit seinen Geschwistern verbrachte Heinrich Leo Behnke hierin eine unbeschwerte Kindheit. Früh trat der Sohn in die väterliche Firma ein. In seinen zweibändigen umfangreichen Erinnerungen „Eine Lübecker Kaufmannsfamilie", die im Jahre 1900 erschien, vermittelt er ein Bild von einigen typischen Weihnachtstagen in einer Kaufmannsfamilie im Lübecker Biedermeier.

Im Hause eines hanseatischen Weingroßhändlers

[Weihnachten 1843]

Weihnachtsabend kam; gottlob, mein Vater war immer vergnügt und dadurch wir andern auch. Um 5 ½ Uhr wurde die Weihnachtsstube geöffnet und wir gingen fröhlich hinein. Etwas anders war es vor Jahren in unserer Kinderzeit, aber wir waren doch ganz vergnügt, bekamen sehr nette Geschenke und unser Vater freute sich über Franz, der einen sehr hübschen Plan unseres Gartens angefertigt hatte, dann über eine von ihm selbst getischlerte Servante und eine Reisebeschreibung seines letzten Ausfluges. Abends spielten wir erst Karten und dann aßen wir Karpfen und Lübecker Marzipan.

Am Abend des ersten Festtages waren wir beim Vetter Behncke eingeladen. Die Damen, seine älteren Schwestern, saßen auf dem Sofa, einige Unterhaltung wurde geführt, einige Anekdoten erzählt und dann gingen wir zum Kartentisch. Die Gäste bestanden aus Heinrich Reddelien und Frau, dem jungen Carl Bruhns und Frau, sie ist eine geborene Herrmann, Eckhoff und Frau, Wilhelm und mir.

Ich freute mich, wie hübsch Wilhelm zu erzählen wusste, besonders Anekdoten, die meistens großen Beifall hervorriefen; z. B. schrieb ein junges Mädchen ihrer Freundin ins Stammbuch: „Zu Dyonys, dem Tyrannen, schlich Möros, den Dolch im Gewande, ihn schlugen die Häscher in Bande, ... dies wünscht Dir von ganzem Herzen Deine Dich aufrichtig liebende Freundin X." Nach beendetem Kartenspiel aß man zu Abend; es fehlte an nichts, auch der Wein war gut und erst um 12 Uhr brach man auf. Eine echte gute Lübecker Abendgesellschaft.

Am anderen Tage, also am 26. Dezember, war mein Geburtstag. Viel Aufhebens wurde nicht davon gemacht, ich war allein in meinem Zimmer, ließ in meinen Gedanken mein Vorleben an mir vorübergehen und fand Manches daran zu tadeln, gute Vorsätze folgten; klagen hilft nichts, nur frisch angefasst! Um zwei Uhr ging ich zum Garten und besah meine Schimmel, abends kam ein Fremder aus Livland zum Besuch mit einer Empfehlung vom Generalkonsul Oberst Hodges; mein Vater hatte noch einige Gäste eingeladen, u. a. von Duhn und Frau usw.

[Weihnachten 1844]

Auf der für 1.250.000 Spezies neu erbauten Bahn reiste ich auf einen Tag nach Kiel. [...] Am 23. fuhr ich nach Hamburg zurück und am folgenden Tage nach Lübeck. Es war Weihnachtsabend; Hermann Gaden, der zum Besuch von Bordeaux gekommen, hatten wir viel zu fragen und zu erzählen. Roses mit ihrem kleinen Jungen zogen abends bei uns ein. Ein Tannenbaum mit Lichtern brannte auf dem Tisch, ich brachte meine Geschenke, die ich in Hamburg gekauft hatte, mit, mein Vater ging leider fort; Hermann Gaden freute sich mit uns an der Fröhlichkeit des Kleinen über die Lichter und Spielsachen. Wir Herren gingen zum Ratskeller, hörten dort die Musik, trafen uns aber bald wieder zum Abendessen, wo, wie gewöhnlich, Karpfen verzehrt wurden. Still verlief auch der erste Weihnachtstag und am zweiten war mein Geburtstag. [...] Den Abend feierten wir im Theater, es wurde „Moritz von Sachsen" gegeben. Franz kam zum Besuch aus Mecklenburg. Vater beschäftigte sich viel mit ihm und abends war eine Gesellschaft bei uns. Es kamen der junge Dr. Unruh, Krüger, Aug. Siemssen und Hauptmann von Bülzingklöwen. Man machte eine Partie, unterhielt sich gut und es ging beim Abendessen recht lebhaft zu bis 12 Uhr.

[Weihnachten 1846]

Der Weihnachtsabend wird bei uns jetzt immer einfacher gefeiert, Kinder von jüngeren Jahren sind nicht mehr in unserem Hause und so ist die Freude am Feste geringer. [...] Ich arbeitete den ganzen Tag recht angestrengt im Keller und ging müde und marode auf mein Zimmer. Dort fand ich es hell und mein Tisch war mit Geschenken belegt. Meine liebe gütige Mutter hatte es doch nicht übers Herz bringen können, den Tag so ganz ohne alle Freude vorübergehen zu lassen. Am Morgen des ersten Feiertags hatte ich von 6 bis 8 Uhr eine lange Unterhaltung mit meinem Vater, der in diesen Tagen sehr freundlich und in heiterer Stimmung war, wodurch wir trotz unserer abhängigen Stellung doch immer froh, vergnügt und zufrieden gestimmt werden.

[Weihnachten 1847]

Die Weihnachtstage kamen, mit ihnen mein Bruder Franz zum Besuch aus Mecklenburg. Weihnachtsabend wurde nicht bei uns gefeiert und den ersten Feiertag gingen wir in Gesellschaft zum Vetter Behncke, wo eine zahlreiche Familie versammelt war.

[Weihnachten 1848]

Obwohl ich noch recht matt und abgemagert bin, erfreuen mich die frühen Morgenspaziergänge im Winter. Es ist Weihnachten, die weiße Schneedecke glitzert; in Ruhe und Stille freue ich mich über die Morgenröte und den Sonnenaufgang über Marly und bewundere die schöne Welt, die uns so viele Freuden gewährt. So verschmerzte ich auch den stillen, einsamen Weihnachtsabend. Am ersten Feiertag war doch eine kleine Weihnachtsfeier eingerichtet. Um 5 Uhr wurde geklingelt und die Weihnachtsstube geöffnet. Viele Freude der Kinder, viel Lärm, hübsche Erleuchtung und uns Großen hatte man nicht vergessen.

Das gute Herz unserer Tante Jette zeigte sich so recht und der Dank, welcher ihr von allen Seiten zuströmte, machte sie unendlich glücklich. Von Emma Böhme, Pauls Braut, kam für Mutter eine rote Fußdecke, für Vater ein Geldbeutel, für Wilhelm ein Paar Pantoffeln,

für Rose ein Behälter für Schwefelhölzer, für Tante Jette ein Riechkissen, für Elise eine Arbeitstasche und für mich eine mit Perlen bestickte Zigarrentasche. Die liebe Schwägerin hat also unendlich viel Zeit und Arbeit unserer Familie gewidmet. Sie ist ein arbeitsames fleißiges Mädchen. Ihr scheint alles leicht von der Hand zu gehen.

HEINRICH LEO BEHNCKE

Im Sommerhaus seiner Eltern vor dem Burgtor in der Eschenburgstraße Nr. 33, früher Luisenstraße Nr. 33, wurde im Jahre 1847 der spätere promovierte Jurist und Bürgermeister von Lübeck Ferdinand Fehling als jüngstes von zehn Geschwistern geboren. Sein Vater Johann Christoph war anfangs Assekuranzbevollmächtigter, später Schiffsreeder und leitender Direktor der Neuen Lübeck-St.-Petersburger Dampfschifffahrtsgesellschaft. Seine Mutter, eine geborene Oppenheimer, stammte aus einer vermögenden Hamburger Familie. In seinen Erinnerungen berichtet Ferdinand Fehling, Ehemann von Ada Geibel (1853–1906), der einzigen Tochter des Lübecker Dichters Emanuel Geibel (1815–1884), u. a. anschaulich über seine Kindheit und Jugend in der Hansestadt. Er schildert die standesgemäßen Wohnverhältnisse in der Gartenvilla und in dem Stadthaus mit patrizischem Ausmaß, unter Einbeziehung der weihnachtlichen Gepflogenheiten. Hierdurch stellt er, plastischer als der fast 30 Jahre ältere Leo Behnke, das spätbiedermeierliche Leben an der Trave dar. Das Wohnhaus wurde allerdings im Jahre 1940 umgebaut, sodass man heute seine besondere Atmosphäre nur noch nachlesen, nicht aber mehr nachempfinden kann.

Bewohnte die ständig anwachsende Familie im Sommer das ansehnliche Gartenhaus vor den Toren der Hansestadt, so verbrachte man die unwirtliche Jahreszeit und damit auch die Adventszeit und die Weihnachtstage im heute noch bestehenden Stadthaus in der Königsstraße Nr. 1, das architektonische Ähnlichkeiten mit dem von Thomas Mann in den „Buddenbrooks" beschriebenen großelterlichen Hause in der Mengstraße Nr. 4 aufweist und damit ein typisches Lübecker Kaufmannshaus ist.

In der Vorweihnachtszeit waren es vor allem die musikalischen Darbietungen der Waisenkinder, die von Haus zu Haus zogen, die den jungen Ferdinand Fehling beeindruckten. In seinen Erinnerungen berichtet er darüber. Die weihnachtliche Bescherung hielt er hingegen, wie viele andere Lübecker, in seinen Memoiren erstaunlicherweise nicht einer Schilderung wert. Hingegen gilt ein ausführlicher Bericht den sogenannten „Kindertagen", die auch an den Weihnachtstagen stattfinden. Hierfür bedurfte es natürlich eines repräsentativen großen Wohnhauses und einer stattlichen Anzahl von dienstbarem Personal.

Waisenkinder ziehen von Haus zu Haus

Während meine Mutter eine überzeugte Christin war, die schwer darunter litt, dass ihr Gesundheitszustand im Alter ihr den Besuch des Gottesdienstes in unserer Ägidienkirche verbot, wo wir in der Wotersen-Kapelle unseren „eigenen Stuhl" hatten, kann ich von meinem Vater nur sagen, dass er kein Kirchgänger war. In meiner Knabenzeit erschien es mir als eine außerordentliche Begebenheit, wenn die Eltern einmal zusammen zur Kirche wanderten. Aber sicher war mein Vater, wenn er auch jedem Dogma instinktiv abhold und ein ausgesprochener Gegner geistlichen Hochmuts war, ein frommer Mann. Sein Lieblingsgesang war „Wer nur den lieben Gott lässt walten"; und wenn, wie es in der Adventszeit geschah, die Waisenkinder auf unserer großen Diele zwei Choräle und danach einige fröhliche Lieder sangen, musste stets der erste und der letzte Vers jenes alten schönen Kirchenliedes die kleine Feier einleiten.

Für mich brachten diese winterlichen Abendstunden noch ein besonderes Vergnügen. In der Pause zwischen Chorälen und Volksliedern trank der Waisenvater mit seinem Lehrgehilfen oben bei den Eltern Kaffee. Dann mischte ich mich unter die Knaben, von denen mir manche Zeit ihres Lebens gute Freunde geblieben sind. Erfolgte der Aufbruch, so hieß es regelmäßig: „Kümst du mit?" Und wie gern schloss ich mich der Kolonne an, die von uns zum Hause der Schiffergesellschaft zog, um, wie bei uns, auch hier mit heißem Süßbier und frischen Semmeln bewirtet zu werden. Oft habe ich, ohne dass die Eltern es ahnten, als Waisenknabe mitgesungen; die Lehrer hatten nichts dagegen, denn ich hatte eine gute Sopranstimme.

FERDINAND FEHLING

In einer anderen Welt spielt sich das Leben der jungen Julia Bruhns (1851–1923) ab, der späteren Mutter von Thomas Mann, die man „Dodo" nannte. Sie berichtete im Alter darüber, insbesondere über die Geschenke ihrer in Lübeck lebenden Großmutter an sie und ihre Schwester Mana sowie über die Handarbeiten, die sie im Mädchen-

pensionat der Therese Bousset anfertigte, in dem sie mehrere Jahre verbrachte.

JULIA MANN

Die Weihnachtsgeschenke der Lübecker Großmutter

An den Weihnachtsfesten beschenkte sie die Kinder sehr schön; da gab es z. B. ein reizendes Kinder- oder Puppenspeiseservice für Mana und Dodo; ein Kaffeeservice aus feinem Porzellan mit allem Zubehör, Puppenkommoden von etwa einem halben Meter Höhe und dreiviertel Breite mit drei Schubladen; Mahagonibücherschränkchen mit Glastüre; silberne Serviettenringe; große Wachspuppen und gewöhnlich 6 M Kurant dazu. Mit diesen verfuhr aber Dodo einen Winter sehr unvernünftig: Sie schenkte sie an einen italienischen Drehorgelmann, weil er ein so hübsches trauriges Gesicht hatte. Die Schwärmerei für diesen glutäugigen, schwermütig scheinenden Fremden hatte bald darauf ein Ende, nachdem Dodo erfahren musste, dass man ihn betrunken an der Straße liegend gefunden habe. Der Anblick eines Betrunkenen machte sie übel und ebenso der Gedanke an solchen.

Im Mädchenpensionat

Vor Weihnachten entstand ein großer Eifer und Lust zu den Handarbeiten, womit alle Verwandten erfreut werden sollten. Dabei las Therese ihnen vor. Es wurden Perlstickereien angefertigt, Petitpoints, Straminbuntsticken, Seidenplattstiche im Rahmen, tunesische Häkelarbeiten, Zeichnungen, kleine Malereien und anderes, bei welchen sie sich aufrichtig auf den Moment der Überreichung freuten; auch Porzellanradierungen führte Dodo besonders gerne aus. Nach den Weihnachtstagen, in den Ferien, wurden mit Therese am Tische Spiele gemacht, bei denen man vom Baumkonfekt gewann: geographisches und geschichtliches Lotto, Zahlenlotto, Kartenlotto. Dieses Vergnügen zog sich auch nach den Ferien auf die Sonntagabende hinaus, denn Theresens große Tannenbäume waren immer reichlich gespickt! An Sonntagabenden wurde oft mit verteilten Rollen gelesen.

JULIA MANN

Der Schriftsteller Gustav Falke (1853–1916) wurde in Lübeck geboren. Seiner Heimatstadt gilt sein umfangreiches Erinnerungsbild „Die Stadt mit den goldenen Türmen". Nach einer Buchhändlerlehre ließ er sich später in Hamburg nieder. Hier verfasste er die weihnachtlichen Verse, die der Stadt an der Trave gelten.

Lübecks Türme

Türme meiner Vaterstadt,
schöner hat mir nichts geklungen,
als wenn euer Glockenmund
Weihnacht in die Welt gesungen.

Lang ist's her. Durchs deutsche Land
bin ich hin und her gezogen.
Ach, wie mich da oftmals fror,
kleiner Vogel, der verflogen.

Bis ein gutes Nest ich fand,
warm und weich, geschützt vor Stürmen,
und nur einen Vogelflug
weit von euch, von Lübecks Türmen.

Schlagen eure Glocken an,
mein ich wohl, ich müsst' sie hören;
gerne lässt ein Dichterherz
wundergläubig sich betören.

Einen Gruß von Sankt Marien
Hört' ich heute in den Lüften,
und lebendger Glanz entstieg
wieder halb verschollnen Grüften.

Kerzenschein und Tannenduft,
Eltern und Geschwister singen,
Stille Nacht, heilige Nacht …
wie so schnell die Jahre gingen.

Aber wenn zur Weihnachtszeit
alle eure Glocken beben,
will ein hold Erinnern mir
meine Jugend wiedergeben.

Und ich seh das Elternhaus,
seh die lieben, engen Gassen,
Markt und Hafen, Fluss und Wall,
könnt' es gleich mit Händen fassen.

Und darüber schön und schlank
seh ich euch, ihr Türme, ragen,
höre eurer Glocken Klang
meiner Kindheit Stunden schlagen.

Schlag um Schlag, die Zeit entflieht,
Schlag um Schlag, Jahr für Jahre,
bis der eine – ach, wie bald –
leis versummt um meine Bahre.

Doch so lang mein Tag noch zählt,
werdet ihr in meinem Leben
euch, von goldnem Licht umstrahlt,
ein verklärtes Mal, erheben.

Trotzt der Zeit in alter Pracht,
jeder Stein in euern Mauern,
und so lang ihr ragend steht,
soll das Glück von Lübeck dauern.

GUSTAV FALKE

Auguste Oppermann, die Apothekertochter aus Mölln, hat sich nicht nur mit der Weihnachtsbäckerei im Elternhaus beschäftigt, sondern ausführlich in ihren Lebenserinnerungen, von denen sich ein maschi-

nengeschriebenes Exemplar im Möllner Stadtarchiv befindet, auch über das Christfest in der Kindheit berichtet.

Weihnachten in der Möllner Apotheke

Wer kennt nicht die Wonnen der Vorweihnachtszeit, wer hätte sie nicht gesungen, all' die schönen Weihnachtslieder: „Oh Tannenbaum", „Morgen, Kinder, wird's was geben", „Ihr Kinderlein kommt", „Alle Jahre wieder kommt das Christuskind" usw.? *Ein* Gedicht war für uns aber unvergleichlich schön, wohl weil es am verständlichsten war, am schönsten, wenn unsre Mutter es in ihrer feinsinnig erzählenden Art sprach. Ich mühe mich seit Jahren vergeblich, die Worte mir wieder ins Gedächtnis zu rufen; es stand in „Hoppenstädts Liederbuch", das auch antiquarisch längst nicht mehr zu haben ist. Der Anfang lautete:

> *Das Schneedach fegt des Sturmes Saus,*
> *Die Ofenflammen zittern.*
> *Die Kinder bleiben gern zu Haus*
> *Und denken nicht an schlittern.*
> *Denn sieh, der Abend graut,*
> *Die Mutter kommt und baut*
> *Für Jeden schnell ein Tischchen auf*
> *Und legt so schöne Sachen drauf.*
> *Im Nebenzimmer kramt sie schon*
> *Den Quersack aus und raschelt,*
> *Und – Horch nur! – wie sie leise dann*
> *Entlang den Wänden huschelt.*
> *Nun hebt der Jubel an:*
> *Die Tür wird aufgetan,*
> *Herein stürzt Knab' und Mägdlein flugs*
> *Zu sehn, was ihm beschieden.*
> *Vor allem prangt von grünem Buchs*
> *Ein Wäldchen Pyramiden.*

Weiter komme ich nicht, nur der Schluss ist noch haften geblieben:

Sie denken: Wär' es morgen doch
Und sehn im Traum die Lichter noch!

Die Erwartungen der damaligen Kinder wurden nicht zur schwindelnden Höhe getrieben durch sinnverwirrende Fülle kostbarster Spielsachen, wie wir sie heutzutage in den Schaufenstern zu sehen gewohnt sind. In Mölln gab es damals überhaupt kein richtiges Spielwarengeschäft. Drechsler Andree pflegte um die Weihnachtszeit seinen praktischen Auslagen in dem winzig-kleinen Schaufenster seiner Wohnstube einiges Spielzeug hinzuzugesellen wie Trommeln, Trompeten, Gewehre, unbekleidete Scheusäler von Puppen, Kochgeschirr und derartiges. Buchbinder Ullrich legte zu seinen bunten Schreibheften und Schulbüchern, zu seinen Linealen, Federhaltern, Bleistiften und Schiefertafeln einige Bilder- und Märchenbücher, Malkästen und Zeichenvorlagen, Schulranzen und Mappen.

Das war die ganze Herrlichkeit, die uns durchaus nicht aufregte. Fanden wir aber bei uns im Hause irgendwo ein kleines Goldfädchen, ein buntes Läppchen, ein buntes Stückchen Glanzpapier, dann wussten wir, dass es weihnachtete und waren voll seligster Erwartung.

Wir wurden zeitiger als sonst ins Bett geschickt, weil die Mutter noch den Besuch des Weihnachtsmannes erwartete. Wir hatten auch selber viel mit Weihnachtsarbeiten zu tun. Die ganz Kleinen strickten Strumpfbänder, die Großen mühten sich an einem Fidibusbecher für den Vater, einer Perlenkante für den Nähstein der Mutter oder sie versuchten gar einen Haubenboden in Lochstickerei zu arbeiten. Die Knaben machten kleine Basteleien. Wenn dann unter Singen, Arbeiten und freudigem Harren der Weihnachtsabend endlich herangekommen war, saßen wir flüsternd im Kinderzimmer, dachten nicht an Schlittern, sondern lauschten gespannt auf das Huscheln und Ruscheln nebenan, wo die Eltern schon von Mittag an hantierten. Durchs Schlüsselloch zu lugen war verboten; Linchen, unser Kleinstes, wagte es aber doch einmal, da kam eine dicke Rauchwolke durchs Schlüsselloch, natürlich war das die Strafe vom Weihnachtsmann! Zitternd vor Entsetzen flog der kleine rotblonde Krauskopf zurück und schreiend die ganze kleine Person in die schützenden Arme ihres großen Bruders; ich sah ein in Stich gelassenes hellblaues Pantöffelchen noch einsam und verlassen im Zimmer stehen. Solche Eindrücke verwischen sich doch nie wieder!

Der Vater, der den strafenden Weihnachtsmann gespielt, schaute dann und wann in die Kinderstube, zu sehen, ob wir hübsch ruhig und geduldig warteten, bis endlich das liebe, bekannte, einzig schöne Glockenzeichen ertönte. Dann stürzte nicht etwa „Knab' und Mägdlein flugs zu sehn, was ihm beschieden" – o nein, bei uns musste es auch in solchen Momenten gesittet zugehen! Der Vater also geleitete uns mit seiner Messinglampe vorangehend ganz „sedat" bis vor die Tür des Weihnachtszimmers. Ich sehe noch die Pyramide des großen Tannenbaums mit den vielen Wachslichtern durch die Gardinen in der Glastür, die zum Flur führte, schimmern, ein heiliger Schauer durchrieselte das Herz, wenn nun die Tür aufgetan wurde und man geblendet vor der märchenhaften Pracht stand. Diese Pracht bestand zum großen Teil aus Ergänzungen schon vorhandener Sachen; da lagen für die Brüder neue Malvorlagen, bunte Stifte, Robinson hatte einen neuen Einband bekommen, vielleicht auch die „25 moralischen Geschichten", von uns kurz „das Moralsche" genannt, die wir viele, viele Jahre hatten und das gleich „Speckters Fabeln" unser immer geliebtes Buch blieb – ein Taschenmesser, Zirkelkasten und allerlei, was so Knabenherzen begehrenswert erscheint.

Anschaffungen notwendiger Sachen, wie neue Kittel zum Beispiel, wurden auch auf das Weihnachtsfest verlegt. Meine Konkordia oder Rosalinde prangte im neuen Kleide und kam mir ganz fremd vor, das große Puppenbett hatte einen neuen Überzug bekommen, schlug man zaghaft das Deckbett zurück, lagen wohl gar zwei neue rosafarbene Puppennachtröckchen darin – ach, es war alles zu herrlich! Und dort in unsrer Puppenküche standen einige uns noch ganz unbekannte Kochtöpfchen und Schüsseln, und auf dem Küchentischchen lagen auf Tellern klimperkleine Frikandellen, ein Stückchen Speck, eine ganz kleine Marzipanwurst und andre Herrlichkeiten! Dann prangten auf dem Gabentisch warme Kappen, Fausthandschuhe, auch wohl ein neues Kleid, das wir kürzlich mit verbundenen Augen anprobieren mussten, merkwürdigerweise war es damals „ein altes, das geändert werden sollte". Kurz, all die Wunderdinge waren kaum zu überschauen. Wir wurden keineswegs verwöhnt und waren doch so reich, so reich!

Am nächsten Morgen mussten wir dann zuerst sehen, wie unsre Geschenke bei Tage aussahen. Dann ging's hinüber zu Dahms. Wir hatten seit Wochen gesungen: „Lasst uns nicht bei den Geschenken neidisch aufeinander sehn", ach nein, dieser Mahnung hätte es bei uns nicht bedurft. Jedes Kind fand seine eigenen Sachen unübertrefflich schön. War in manchem Hause die Bescherung wohl ungleich reicher, wer hatte aber wohl solch reizendes, von Mutter selbst genähtes Kleid oder Schürzchen wie meine Konkordia, an welchem Tannenbaum hingen wohl so kunstvoll beklebte und gefüllte Körbchen und halbe Eierschalen, die in grünem Moos eine kleine Marzipankirsche bargen, wer fand an seinem Baum so hübsch vergoldete Nüsse in buntem Papiernetz und solch' ganz kleine rotbäckige Traubäpfelchen, wer aber gar Magenmorsellen?! Das ist ja gerade das Entzückende bei unverwöhnten Kindern, dass sie kein Vergleichen kennen, dass jedes neidlos sich erfreut am Guten, das der andere baut oder hat. Selige, fröhliche Weihnachtszeit!

Mit dem Sylvesterabend erlosch der Glanz. Der Baum wurde noch einmal angezündet und beim Ausbrennen der Lichter geplündert. Nach dem Abendessen, das aus den von der Mutter gebackenen, beliebten Ochsenaugen bestand, wurden die Sachen vom Tannenbaum verspielt im Lottospiel. Hatte nun einer besonderes Glück gehabt und eine reichlich große Portion vor sich, so wusste unser Mütterchen sehr geschickt die Aufmerksamkeit des Begünstigten auf das zu kleine Häuflein eines minder Glücklichen zu lenken, es bedurfte nur eines kleinen Hinweises vonseiten der Mutter, um Ausgleich herbeizuführen, und so war zum Schluss der Besitz aller Kinder, trotz Gewinn und Verlust, ziemlich überein.

Auguste Oppermann

Eine Weihnachtsbaumgeschichte aus Mölln aus der heutigen Zeit verfasste Rita Steinhauer (Jahrgang 1946). Sie lebt, nachdem sie eine

Bürolehre in Lüneburg absolvierte, seit 1970 mit ihrer Familie in Büchen. Aufgewachsen mit der plattdeutschen Sprache, verfasste sie schon früh sowohl hoch-, als auch niederdeutsche Erzählungen, die teilweise veröffentlicht wurden, wie „Schluderei" oder „Feenhoar un Dwargenmüzen" (beide in Büchen 2000).

Dat Wiehnachs-Murksel

Vör noch goar nich lange Tied stünn vör de Stadt Mölln en Buernhoff. Willem Schack bewirtschaff em mit sien Fru un sien Söhn. Up en Flach harn se vör Johr un Dach lütte Dannen plant. Nu wärn de grood nauch, dat he jüm as Wiehnachsböhm verkööpen könn. He saach also mit sien Söhn en gaud Deil vun de Dannen af. De Böhm stellen se up dan'n grooden Kastenwagen, de achter en Trecker bunnen wär. Na en Tied geif de Jung sien Vadder en Teiken, he schöll mal äben na em henkamen. Willem stäbel na sien Jung ran un fraach:

„Na Wilfried. Häst dan'n Wiehnachsmann sien Sack funnen?" De Söhn grien un anter: „Ne Vadder, mie dücht dat duert noch poor Daag. Awer hest du dan'n Krööpel hier all seihn? Ick mehn, wü könnt em nich bruuken. Schall ick em glieks afsaagen un hinnen up dan'n Hupen Dröchhold smieten, dat wü in'n Januarmaand anstäcken wöllt?" Willem öwerlech kott, denn schürrkopp he un anter: „Laat em man stahn, wü hebbt nauch anners tau daun. Ward bald düüster. Wöllt seihn, dat wü dan'n Hänger mit de Böhm noch up'n Möllner Marktplatz stellt kriecht un denn tau Abendköst na Huus ran kaamt. Dat lütt Murksel hier könnt wü jümmers noch afsaagen."

Dat lütt Murksel, as de Buer dat nömte, wär en lütt Dann, de dan'n ganzen Sommer öwer dicht bie en Bläderbusch stünn. De har em Licht un Luft tau'n wassen namen un en Rick hät em den'n noch de Spitz afbäten. De lütt Dann böhr de drei nächsten Telgen hoch. En niege Spitz schöll doar ut warn, man dat is nix rechtes worn.

Watt schöll denn nu ut so en lütt Dann noch warn, as man bloots en Murksel. Buer Schack har al'ns uplaad, steich mit sien Söhn up dan'n Trecker un af güng dat. Henn na'n Möllner Marktplatz.

Morn, an'n veierten Advendssünnabend schöll de groode Wiehnachs-Trubel losgahn. Mit Dochder Mieke, Swiegersöhn Paul un twei Enkelkinner wahn Friech Basdow an'n Stadtrand vun Mölln. Wär all meist düüster, as de Enkelkinner Dörte un Fritz an't Finster stünnen. Un doch könn se noch seihn, dat Buer Schack sien Treckergespann mit al de Dannenböhm verbie pöttern dä. Dörte dreih sick na ehr Mudder üm: „Mudder, wöllt wü morn up'n Wiehnachsmarkt ok en Dannenbohm kööpen?" Mieke wen'n mit Swung en Mählpannkauken in'ne Pann üm. Denn bück se sick na en Stück Holt. Ahn en Antwurt tröck se de lütte Döör ünner de Herdplatt up un scheuf dat Stück Holt in'ne Glut. Dörte güng en poor Trääd up dan'n Köökendisch tau un fraach doarbie wedder: „Mudder, säch doch mal, gaht wü morn na'n Wiehnachsmarkt?" Mieke schürr dan'n Pannkauken in'ne Pann nochmal hen un her, dat he nich fastbacken schöll un denn sä se trurich, ahn sick na ehr Dochder ümtaukieken: „Ne Deern, doar kann nix vun warn. Vadder is arbeitslos un ick bünn froh, dat ick man so öwer de Run'n kaam. Düt Johr maakt wü uns en feinen Struus ut Dannenaffall. Wenn de Wiehnachsmarkt verbie is, kannst du mit Fritz de afsnääden Telgen haalen. De ward jümmers wechsmäten un köst uns denn nix."

Opa Friech seit all gaud acht Maand in sien Lehnstauhl un könn sick nich mehr recht röögen. De Knei wollen em nich mehr dräägen. Sien Bein harn sick na Siet bööcht un wärn nu rund as en Bullooch vun de Schääp up'n Elv-Trave-Kenal. Em dähn de Kinner leed un he har girn holpen. Awer he wüss man tau gaud, dat he sülm up Hölp anwiest wär. Sien Tied, as he noch Twei-Zentner-Säck alleen wuppen könn, de wär all lang verbie. Friech brummel liesen vör sick hen: „Dat könnt jü doch nich maaken. Wiehnachen un keen Dannenbohm."

Fritz dreih sick nu ok vun't Finster wech, faat sien Swester bie't Handgelenk un tröck ehr ahn en Wurt tau seggen na Köökendöör hen. Mieke seich dat un sä: „Kinner, nu gaht man nich erst wech. Dörte, stell mal de Töller up'n Disch, un Fritz, du helpst Opa ut'n Stauhl up un na Disch ran. De Pannkauken sünd glieks ferdich." Denn kipp se dan'n letzten Deich in'e Pann, güng na Döör un reup na buuten: „Paul, kümmst du gau? Äten is up'n Disch." Vun Wiehnachsmarkt un Dannenböhm wür keen Wurt mehr snackt.

Nahsten bröch Mieke de Kinner tau Bett. As se wedder na Köök gahn wär, füngen de beid Kinner an tau zaustern un harn dat bannich hill. Nüms schöll dat hören. Se wollen nix doarvun vertellen, watt se utklamüstern dähn.

De Kinner ströpen de nächsten Daag öwern Wiehnachsmarkt. Twischen de Bauden spijök de Uhlenspeigel hen un her un höll de Lüüd vör'n Narren. Nich de echte. Ne, de wär je all lang doot. He läw doch in't veerteinte Johrhunnert. Ok de Niklas güng mit en Raut ut Barkenries ümher. En Saak mit Bontschers har he awer ok mit bie. Gewiss wär dat ok nich de echte, denn de is je ok all Dreihunnertföffdig storben. Bloots de Wiehnachsmann leit sick noch nich seihn. Mach wäsen, he har noch al Hän'n vull mit Wiehnachsvörbereitung tau daun. Öwer denn Wiehnachsmarkt mit al sien Bauden un Verkoopsstän keik de Karkturm henwech na Stadt rünner. De Glocken släugen de Tied an un de Luft wär vull vun Mandel- un Punschrüük. De Lüüd halen de Dannenböhm vun Willem Schack sien Stand. Dütt Johr schöllt wohrhaffdig de schönst Bohm wäsen, so snackten se mitenanner. Bloots Fritz un Dörte snacken nich mehr vun en Wiehnachsbohm. Se harn al'ns besnackt, watt tau snacken wär.

En Dag vör Hillichawend, bäter sächt, en Nacht vör Hillichawend, güng dat afkatert Spill von de beiden los. Se luerten so lang, bit in't Huus keen Mucks mehr tau hören wär. Denn tappen se liesen na Achterdöör rut un af in'e Richt vun Buer Schack sien Stück Dannenland. Wär fix nattkoolt. Dat leit sich meist so an, as woll dat sneien. De Maand güng jümmers wedder achter de Wulken un dat wär düsterer as se sick dat dacht harn. Dat Land wär upweikt vun Rägen un Treckerrööd. Ahn en Taschenlücht un mit Rücksicht up ehr Schauhwark güngen se nich ganz na achtern, wo de letzten Dannen stünnen. Meist glieks vörn an stünn je en lütt Dannenbohm. Man lütt, awer he möss je ok afsaacht un na Huus bröcht warn. De Bohm dörf also ok nich grood un dick wäsen. Fritz har bloots so'n lütt Klappsaach vun Huus mitbröcht un Dörte hölp em nahsten den'n Bohm na Huus tau drägen. Se stellen dan'n Bohm fix achter dat Goarnschuuer un güngen liesen dörch de Achterdöör in't Huus, huschten in ehr Kinnerslaapstuv un rin in'e Puuch.

Morns noch vör't Freuhstück – wär man grad hell worn – sliekern sick de beiden Kinner in'n Goarn. Achter't Goarnschuuer ankamen, verjagen se sick bannich. Watt wär dat, de beiden keiken sick an. De ganze Mäuh in'e Nacht un nu dat. Se harn dan'n lütten Murksel tau faaten krägen, de vör en Wäck up Buer Schack sien Land ganz alleen trüch bläben wär. En Siet dröge Twiegen un baven nich en, ne glieks drei Spitzen. In de poor gräunen Twiegen hüng ganz scheif en Drosselnest. Fritz snöör dat Halslock tau un Tranen steigen em in de Oogen. Al'ns ümsüss.

As de beiden na't Freuhstück na buten güngen, böhr Dörte ehr'n Wiesfinger up un sä tau ehr'n Brauder: „Teuf af, Fritz, dat kriecht wü hen. Gah na Köök un säch Mudder, wenn wü düt Johr all keen Dannenbohm kriecht, denn wöllt wü de Stuv mal ganz alleen mit Dannengräun up wiehnachlich Schick bringen." Fritz fraach trurich: „Watt hest du vör? Wöllt wü dann Bohm nu tweisnieden?" Dörte zeich mit ehr'n Duumen öwer de Schuller un flüster: „Fraach nich lang. Gah na Mudder hen un denn bringst du dan'n Wiehnachsbohm in'e Stuv. Awers so, dat die keen sütt."

Fritz brummel: „Schiet up Wiehnachsbohm. Mie is nich mehr na Wiehnachen." Denn verswünn he achte de Köökendöör un dä doch, watt sien Swester em updragen har. Dörte läup draff na de Kinnerstuv hen. Doar tröck se en Popp as Jung un en anner as Deern an. En ganz lütte Popp wär meist naakt. As se mit düsse hillich Femielje rinkäum, stünn Fritz mit den'n Bohm ok all mirn in'e Stuv. Wär al'ns glattgahn. Mudder möss noch Ketüffelsalat mit Speck maaken un Vadder schöll

Brühwust vun'n Slachter halen. Mudder wär glieks inverstahn west, dat de Kinner de Wiehnachsstuv alleen up wiehnachtlich Schick bringen wollen. Ehr wär de Tied so all knapp un de Hölp vun de Kinner kääm gaud tau pass. De Kinner würn also nich stört, awer dan'n Slötel häbbt se denn doch leiwer ümdreiht. „Vörsicht is je bekanntlich de Mudder vun de Porzelankist", sä Dörte un Fritz nickköpp iewrig doar tau.

Denn güng al'ns ganz schnell. De drögen Twiegen würn ganz dicht an'n Stamm afstnäden un in de Lünk, de doar nu wär, stellen se en lütten Keton mit Heu. De lüttst Popp doar rin, de beid grooden blangenbie un de Wiehnachs-Krüff wär trecht. Fritz puhl dat Vagelneest ut de Dann un woll't wechsmieten. Awer Dörte sett dat doar baven hen, wo eilich en Spitz henhör un sett en lütten Glasvagel rin. Nu noch bäten Lametta un Glaskugels, de se vun Böhn haalt harn. Fritz plier sien Swester vun'e Siet an: „Man Dörte, so en schönen Bohm as wü, hebbt se in ganz Mölln un ümtau nich."

Dat mehn'n Groodvadder un Öllern ok, as se em tau seihn krichten. Awer denn. As se hörten, dat de Bohm klaut wär, doar sünd de Öllern fix bös worn. Paul gnäter los: „Wiel dat ick keen Arbeit heff, mött wü uns inschränken un sporsam wähn, wo dat man geht. Awer klauen – klauen mött wü nich. Wü sünd keen Deifsgesinnel, markt jü dat."

Mudder sä denn noch: „Morn Vörmiddag gaht jü beiden na Buer Schack un entschullicht jü. Hebbt jü mie verstahn? Awer nu wöllt wü doarvun swiegen un bäten singen. Kein lisst denn de Wiehnachsgeschicht dütt Johr vör?" Dat güng jümmers ümschichdich. Groodvadder wär an' e Reech.

Ersten Wiehnachsdag mössen se denn je los. Fritz und Dörte höllen sick an'e Hän'n fast. Junge harn de beiden dat Bäwern, se marken nich mal, dat dat anfüng tau sneien. De Kinner güngen öwer dann Schack'schen Hoff na Achterdöör. En Döör, de vun'e Köök na'n Hoff rupp güng. Doar wirtschafft Betti, watt Willem Schack sien Fru is. Mach wäsen he is nich doar, denn möch dat woll watt sinniger afgahn för de beiden. So dachen se. Awer ne, wär nich so. De Buer seit höchsülm mit sien Fru an'n Köökendisch un se vertellen sick watt. Dat seich vun buten so ut, as harn se dat bannig hill mit de Wöhr. Har'ns dat Klauen amenn all ruutkräägen? Dörte drück Fritz sien Hand noch faster un denn kloppen se an de Glasschief vun de Döör. Buer Schack keik na Döör un reip: „Kumm in, wenn't keen Snieder is."

De Kinner güngen rin. Nu wärt so wiet. Se vertellen ümschichtig un stockerich, watt se dahn harn. Buer Schack keik jüm streng an un woll nu wäten: „Awer worüm? Jü sünd doch nich enfach so mirn in'e Nacht losgahn, üm Spitzbauv tau späälen. Dat kann'k mie mit'n besten Willen nich vörstelln."

„Ne, dat jüst ok nich." Fritz un Dörte vertellen nu noch den'n Rest vun de Saak un wie al'ns kamen wär. Betti straak mit en Hand öwer dat Wassdauk up'n Köökendisch un sä liesen: „Dat Friech Basdow man wenich Rente hät un vun'e Bein kamen is, dat wüss ick all. Awer, dat Paul un Mieke nu ok noch mit de Arbeitslosichkeit tau daun häbbt, dat wüss ick nich." De Kinner wärn heil froh, as de Buer jüm öwer de Hoar strack un sä: „Dat mit dan'n Bohm is nich so slimm. Wär je man en lütt Murksel un tau nix tau bruucken. Awer dat klauen, dat is en slimme Saak. Ick will man ganz fast an glöwen, dat jü nich up'n scheiwen Wech kaamt." Beid Kinner schürren kräfdig ehr Köpp un säen lies: „Ne, dat ganz gewisslich nich. Awer dat Murksel, dat is woll tau bruuken un de schönst Bohm in ganz Mölln un ümtau."

Nahmiddag up en Wiehnachsspaziergang kloppen Betti un Willem Schack bie Mieke un Paul an'e Döör. Se wollen sick dat Wiehnachs-Murksel doch mal bekieken. Willem mehn denn: „Dat lütt Murksel is würklich en Prachtstück. Un kiekt mal, bie uns in'n Keller hüng noch en Gaus. Betti hät ehr vör Wiehnachen nich mehr verkööpen könnt." Paul wünk af: „Willem laat man gaud sien, wü kaamt all trecht. Slimm nauch dat de Kinner dan'n Bohm klaut häbbt." Betti anter vergneucht: „Grad doar rüm. De Bohm wär trüchbläben, grad as de Gaus. Un so passt se je doch vorzüüglich tau dat prächtige Wiehnachs-Murksel. Mieke kriech ehr man morn för jü in'n Backaben. Wü häbbt ehr je man ok bloots mitbröcht, bevör se bie uns in'n Keller slecht ward." Man watt häbbt sick den Kinner freud. Mieke haal ehr brunen Plätten ut Schapp un Opa stüer en Upsetten bie.

De restlich Spaziergang vun Willem un Betti füll denn in't Water, will seggen in'n Snei. Denn dat is dat Johr west, as tau Wiehnachen so vähl Snei leich, dat de Kinner all glieks ehr'n niegen Släden utprowen können. De Kinner spälten buten in Snei, de Mannslüüd näumen in'e Stuv en'n tau Bost un de Frunslüüd drünken Kaffe un klöönten.

Dat lütt Wiehnachs-Murksel awer höll sien lütte scheiwe Twiegen stollt öwer de hillich Femielje.

RITA STEINHAUER

Günter Menze, der Verfasser der letzten Geschichte, wurde im Jahre 1931 in Kossau bei Plön geboren. Nach dem Tode des Vaters im Zweiten Weltkrieg zog die Mutter mit den drei Kindern nach Neumünster, wo Menze das Gymnasium besuchte. Nach einer Tischlerlehre war er Student der Muthesius-Werkkunstschule in Kiel und wurde später Innenarchitekt. Auch war er Schüler des Neumünsteraner Kunstmalers Rudolf Stelling. Neben zahlreichen künstlerischen Darstellungen – Buchillustrationen, Keramiken, Gemälden, Zeichnungen und Radierungen – sowie ehrenamtlichen kommunalen Betätigungen, war er seit 1998 Vorsitzender der Bezirksgruppe Büchen im Heimatbund und Geschichtsverein im Kreis Herzogtum Lauenburg. Auch ist er der Verfasser von heiteren Geschichten, wie dieser Weihnachtsbaum-Episode:

Unser allerschönster Tannenbaum

In all den Jahren, solange ich denken kann, habe ich den Weihnachtsbaum bis eineinhalb Wochen vor Heiligabend herangeholt. Und in all den Jahren hatten wir einen richtig schönen Baum. Zuerst waren das die einfachen Fichten, die backten mitunter mit dem Kienharz unangenehm an den Händen. Dann gab es die pieksigen Blautannen, die aber nicht so schnell nadelten. Und nun gibt es überall die Nordmann-Tannen, die haben weiche, angenehme Nadeln.

Und irgendwie sind wir in diesem Jahr ein bisschen zu spät mit dem Kaufen dran. Ich jagte einen Tag vor Heiligabend los und dachte nicht, dass es so schwer wäre, zu der späten Stunde noch ein gutes Bäumchen zu erwischen und nach Hause zu holen. In den Vorjahren sind wir direkt in die Tannenschonungen gegangen und einmal bin ich beinahe so in einen Wassergraben gerutscht, war mit den Gummischuhen tief eingesackt und kam total verdreckt nach Hause, na ja, ... Das war bei Buchhorst bei Lauenburg.

Dann wusste ich, dass vor der Kreissparkasse in Büchen Tannenbäume zum Kauf angeboten wurden. Na, was so am letzten Tag vor dem Fest noch zu bekommen war, das war nicht gerade das Allerbeste, was die Schönheit anbetrifft. Einige Bäume waren ein bisschen krumm oder es fehlten ein paar Zweige. Nee, ich hatte da das Gefühl, doch noch einen Baum gefunden zu haben mit gutem Schick, allerdings hatte er doch eine leichte Krümmung oberhalb vom Fuß. Ich bezahlte, der Baum kam in einen großen Metalltrichter und kam mit einem Nylon-Netz-Kleid auf der anderen Seite wieder raus. Ich habe den Baum auf einer Wolldecke dann aufs Autodach gelegt und mit Kordeln festgebunden und nach Hause gebracht.

Da habe ich das Netz aufgeschnitten und den Baum meiner Frau gezeigt. Doch, wie das so ist, meine Frau meinte, er sei doch deutlich zu krumm. Ich sollte ihn man doch zurückbringen und gegen einen besseren umtauschen. Na gut, ich habe den Baum dann wieder aufs Autodach geladen und festgebunden, bin dann nach Büchen gefahren und habe dafür einen anderen in gleicher Größe mitgebracht. Der Verkäufer hatte sich amüsiert und gemeint, das käme in der letzten Zeit des Öfteren vor, dass getauscht würde. Meistens kämen die Leute noch mehrmals wieder und nehmen letztlich den ersten Baum wieder mit.

Von den letzten paar Strunken habe ich doch noch einen Zweimeterbaum gefunden, der doch gadlich gut aussah. Eingepackt ins Netz, noch etwas zubezahlt, nach Hause gefahren, ausgepackt und zur Beurteilung hingestellt. Nein, durchgefallen, er sei noch nicht gut genug. Ich sollte man solch einen bringen, der so gut aussähe wie der in unserem Vorgarten. Zähne zusammengebissen, ruhig geblieben, ja, ich mache ja alles, um Frieden zu haben. Ich habe den Baum mitgenommen und wollte gerade nach Büchen losfahren, aber ...

Die Idee vom Baum im Vorgarten war nicht schlecht. Ich habe aus der Werkstatt einen Fuchsschwanz geholt und dann die Lichterkette abgebunden und den Vorgartenbaum – batz – abgesäbelt.

Dann habe ich eine einen Meter lange Dachlatte aus der Stallecke geholt und den zuletzt gekauften Baum mit Draht am unteren Reststamm angeklemmt und mit einer Flachzange festgedreht. Die „neue Gartentanne" war zwar etwas größer geworden, sah aber mit der Lichterkette, die ich wieder umgebunden hatte, gut aus. Nun hatte ich meiner Frau die Vorgartentanne zum Beurteilen hingestellt. Sie hatte dann gnädig gemeint: „Siehst Du, so ein bisschen Prebbeln, das hilft. Nun hast Du doch noch einen schönen Baum rangeholt!" Ich hatte dann meine Ruhe und habe innerlich gegrient.

Lange Zeit nach Weihnachten, ich glaube, es war so um bei Ostern, haben wir gesehen, dass die Tanne im Vorgarten die Nadeln verloren hatte. „Ja, denn ist sie wohl krank!", habe ich leise gesagt und konnte mir ein Grinsen nicht verkneifen. Wenn man genau hingesehen hätte, dann hätte man die Dachlatte und den Wickeldraht noch sehen können! „Dann muss ich wohl einen neuen Baum im Herbst einpflanzen!"

Von dem wohlgemeinten Schwindel habe ich bis heute keinem erzählt. Doch zum nächsten Weinachtsfest werde ich drei Wochen vorher, also rechtzeitig, einen gadlichen Baum kaufen! Jawoll! Einverstanden! Versprochen!

GÜNTER MENZE

Quellen- und Literaturverzeichnis

Die Überschriften der einzelnen Beiträge stammen teilweise nicht von den Autoren.
Die Rechtschreibung wurde stellenweise behutsam der heutigen angeglichen.

NORA GRÄFIN VON BAUDISSIN-ZINZENDORF-POTTENDORF: *Aus dem Kochbuch der Gräfin Baudissin*, in: Handschriftliches Kochbuch, mit freundlicher Genehmigung von Frau Priörin Henny von Schiller, Schleswig o. J.

HEINRICH LEO BEHNKE: *Im Hause eines hanseatischen Weingroßhändlers*, in: Eine Lübecker Kaufmannsfamilie, Lübeck 1900.

ERNST JOHANN ALBRECHT VON BERTOUCH: *Schlittenfahrt auf Nordstrand*, in: Vor 40 Jahren, Zeit- und Kulturgeschichte der Insel Nordstern, Weimar 1890.

HANS CALM: *Freud und Leid einer Jugendzeit*, Leipzig 1928.

IRIS CARSTENSEN, FRIEDRICH REICHSGRAF ZU RANTZAU AUF BREITENBURG: *Kieler Studien zur Volkskunde und Kulturgeschichte*, Band 6, Münster, New York, München, Berlin 2006.

ELKE DAMMANN: *Swiensriden*, Exklusivbeitrag.

DIES.: *Gröne Wiehnachten*, Exklusivbeitrag.

ANTJE ERDMANN-DEGENHARDT: *Das Theodor Storm-Kochbuch*, Husum 1995.

DIES.: *Weihnachten bei Theodor Storm*, Husum 2008

DIES.: *Weihnachten im alten Kiel*, Husum, 2007

PAUL DITTMANN: *Weihnachtsbilder, buntes Allerlei aus meinem Leben aus den Jahren 1866–1879*, in: Jahrbuch der Heimatgemeinschaft, Eckernförde 1982.

GUSTAV FALKE: *Lübecks Türme (Gedicht)*, in: Gesammelte Dichtungen von Gustav Falke in 5 Bänden, Hamburg und Berlin 1912.

CHRISTIAN FEDDERSEN: Winter- und Weihnachtszeit in Wester-Schnatebüll, in: Bilder aus dem Jugendleben eines nordfriesischen Knaben, Kellinghusen 1853.

FERDINAND FEHLING: *Waisenkinder ziehen von Haus zu Haus*, in: ders., Aus meinem Leben, Lübeck 1929.

THEODOR FONTANE: *Heiligabend in Flensburg*, in: Unwiederbringlich, Berlin 1892.

GUSTAV FRENSSEN: *Lebensbericht*, Berlin 1941.

KLAUS GROTH: *Sämtliche Gedichte*, in: ders., Quickborn, Berlin 1873

BERTOLD HAMER: *Biografien der Landschaft Angeln*, Band 1, Husum 2007.

HAYE HINRICHSEN: *Weihnachten auf Langneß im Jahre 1880,* in: Die Heimat, Monatsschrift des Vereins zur Pflege der Natur- und Landeskunde in Schleswig-Holstein, Hamburg, Lübeck und dem Fürstentum Lübeck, Kiel 1906.

FRIEDRICH HEBBEL: *Die Weihe der Nacht,* in: Friedrich Hebbel, Sämtliche Werke, Berlin 1911.

DERS.: *Weihnachten in Wesselburen,* in: Friedrich Hebbel, Tagebücher, Historisch-kritische Ausgabe, hrsg. v. Richard Maria Werner, 4 Bände, Band 1, Berlin o. J.

PETER NICOLAI JACOBSEN: *De Angler in ole Tiden (Handschrift),* mit freundlicher Genehmigung der Gemeindevertretung Süderbrarup.

CHRISTIAN JENSEN: *Eine Weihnacht auf der Hallig,* in: Die Heimat, a. a. O.

DORATHEA JÜRGENSEN: *Weihnachten in der „Besten Stuf",* in: Festräume in Nordangler Bauernhäusern, Jahrbuch des Heimatvereins der Landschaft Angeln, Kappeln 1984 (mit freundlicher Genehmigung der Nachkommen).

TIMM KRÖGER: *In den Weihnachtsferien nach Haale,* in: Timm Kröger, Aus dämmernder Ferne, Jugenderinnerungen, Braunschweig 1924.

HINRICH KRUSE: *Die Apfelsine,* in: Bernt W. Wessling (Hrsg.), Leise weht's durch alle Lande, Hamburg 1984, mit freundlicher Genehmigung von Frau Dora Kruse.

JOHANNA KUSS: *Die holsteinische Küche,* Altona 1856.

DETLEV FREIHERR VON LILIENCRON: *Weihnachtslied,* in: Detlev von Liliencron, Gesammelte Werke, Band 1, „Poggfred", 7. Kantus, hrsg. v. Richard Dehmel, Berlin und Leipzig 1923.

JULIA MANN: *Die Weihnachtsgeschenke der Lübecker Großmutter,* in: Dodos Kindheit, Erinnerungen, Konstanz 1958.

DIES.: *Im Mädchenpensionat,* a. a. O.

GÜNTER MENZE: *Unser allerschönster Tannenbaum,* mit freundlicher Genehmigung des Autors.

JOHANNA MESTORF: *Das landesübliche Backwerk in Schleswig-Holstein,* in: Die Heimat, a. a. O., Kiel 1892.

CHARLOTTE NIESE: *Weihnachten in einem Pastorat auf Fehmarn,* in: Die braune Marenz und andere Geschichten, Leipzig 1897.

MARIANNE OPPEL: *Poppen,* in: Aus der Ortsgeschichte Sankt Peter Ordings, St. Peter Ording 1987, mit freundlicher Genehmigung der Verfasserin.

AUGUSTE OPPERMANN: *Braune Kuchen aus Mölln,* aus der Maschinenschrift im Stadtarchiv von Mölln, mit freundlicher Genehmigung desselben.

DIES.: *Weihnachten in der Möllner Apotheke,* a. a. O.

KATHARINA PAULSEN: *Weihnachten in Hattstedt, Brief an ihren Sohn Ingwer Paulsen vom Februar 1919,* mit freundlicher Genehmigung von Herrn Sünke Paulsen.

CLEMENS THEODOR PERTHES: *Friedrich Perthes Leben,* 1. Band, Hamburg und Gotha 1848.

ADELINE GRÄFIN ZU RANTZAU: *Weihnachtsabend,* in: Mein Land. Gedichte, Berlin 1917.

FRIEDRICH REICHSGRAF ZU RANTZAU: *Tagebucheintragung zum Jahreswechsel aus dem Jahre 1765,* Schleswig-Holsteinisches Landesarchiv, Abt. 127,21 FA Nr. L64.

FRANZISKA GRÄFIN ZU REVENTLOW: *Ellen Olestjerne,* München 1903.

ANNA RITTER: *Vom Christkind,* in: Deutsches Weihnachtsbuch, eine Sammlung der wertvollsten Poetischen Weihnachtsdichtungen für die Jugend, hrsg. v. der Literarischen Vereinigung des Berliner Lehrervereins, Berlin-Schönberg 1909.

AUGUST SCHÜTT: *Schüttenbarg,* in: *Jahrbuch für Heimatkunde im Kreis Oldenburg-Holstein,* Oldenburg 1969 und 1970.

GEERT SEELIG: Backen am Kieler Schwanenweg, in: *Eine deutsche Jugend,* Neudruck der 2. Auflage, Kiel 1981.

DERS.: *Weihnachten am Schwanenweg,* a .a. O.

GERHARDT SEIFFERT: *Woher kommt der Advents-Kranz?,* in: Der Störbote, 13. Dezember 1982, Heimatseite.

PAUL SELK: *Mittwinter und Weihnachten in Schleswig-Holstein,* Heide 1972.

RITA STEINHAUER: *De Wiehnachtsmurcksel,* mit freundlicher Genehmigung der Verfasserin.

FRIEDRICH LEOPOLD GRAF ZU STOLBERG: *Ueber die Sitte der Weihnachtsgeschenke,* 1781, in: Monatszeitschrift Deutsches Museum 1776–88, 2. Band, Leipzig 1782.

WOLFGANG STOLZ: *Weihnachtsbräuche im alten Freiburg.* Eine kleine Weihnachtshistorie aus alten Urkunden, in: Badische Zeitung vom 24. Dezember 1958, ohne Quellennachweis.

DOROTHEA STORM: *Weihnachtsstimmung im Storm-Haus,* Brief an Ernst Storm vom 16. XII. 1870, nach dem Original in der Schleswig-Holsteinischen Landesbibliothek, Kiel, mit freundlicher Genehmigung derselben.

GERTRUD STORM: *Weihnachtsbäckerei in der Wasserreihe,* in: Meerumschlungen. Ein literarisches Heimatbuch für Schleswig-Holstein, hrsg. v. Richard Dohse, Hamburg 1907.

THEODOR STORM: *Weihnachtslied,* in: Theodor Storm, Gedichte Novellen 1848–1867, hrsg. v. Dieter Lohmeier, Berlin 1987.

DERS.: *Marthe und ihre Uhr,* a. a. O.

DERS.: *Knecht Ruprecht,* Spiel mit verteilten Rollen, nach dem Original in der Schleswig-Holsteinischen Landesbibliothek Kiel, mit freundlicher Genehmigung ders., hier erstmalig nach der Originalhandschrift.

DERS.: *Unter dem Tannenbaum,* in: Theodor Storm, Gedichte Novellen 1848–1867, a. a. O.

LUTZ THEEN: *Angliter Kindjeespoppen,* in: Jahrbuch des Angler Heimatvereins, Kappeln 1964, mit freundlicher Genehmigung von Frau Hedda Theen-Pontoppidan, Nordballig (Angeln).

UNBEKANNTER VERFASSER: *Lübecker Marzipan,* in: Lübecker Marzipan. Ein süßes Bilderbuch für unser kleines Volk, Lübeck 1872.

UNBEKANNTER VERFASSER: *Weihnachtsbrauch in Dithmarschen vor fünfzig Jahren,* in: Kieler Neueste Nachrichten vom 20. Dezember 1912.

HELENE VOIGT-DIEDERICHS: *Kuchenbacken in der Gutsküche,* in: Auf Marienhoff, Jena 1925, mit freundlicher Genehmigung von Herrn Ulf Diederichs.

Bildnachweis

ANTJE ERDMANN-DEGENHARDT: S. 12, 24, 33, 37, 48, 67, 75, 134, 137;

THEODOR HERRMANN: S. 4–11, 16, 20, 23, 30, 31, 40, 50, 51, 54, 62, 71, 73, 80, 83, 86, 87, 91, 100, 101, 103, 106, 116, 120, 122, 130, 141, 143, 160, 162, 171, 179, 185, 189;

CARL JULIUS MILDE: S. 169;

MARIANNE OPPEL: S. 47, 59, 65;

OTTO SPECKTER: S. 22, 110, 112, 113, 148, 151;

UNBEKANNT: S. 3, 19, 26, 27, 35, 42, 44, 45, 56, 70, 78, 79, 89, 93, 96, 146, 156, 158, 164, 174, 187.

Mann über Bord!

Der Tod auf Segel- und Dampfschiffen

Jürgen Rath

ISBN: 978-3-95400-113-2
16,95 €

Trümmer – Träume – Tor zur Welt

Die Geschichte Hamburgs von 1945 bis heute

Uwe Bahnsen und Kerstin von Stürmer

ISBN: 978-3-95400-050-1
29,95 €

www.sutton-belletristik.de